すし手帳

Sushi Enciclopedia For Gourmet

はじめに

現代の握りずし、江戸前ずしは今や日本を代表する料理の一つです。その始まりは、江戸時代の後期に江戸の町で生まれた、魚介類を使った握りずしといわれています。当時のタネは、江戸前すなわち江戸の前の海で獲れた魚介類でしたが、現在のタネは日本はおろか世界の海からやってきます。

本書では、今日の代表的な握りずしとそのタネを旬や産地などとともに紹介しています。魚介類にはそれぞれたくさんの産地があり、なかには有名な産地もあります。主産地は、水揚高や築地市場への入荷状況、産地の情報などに基づいています。しかし、取り上げなかった産地のものが劣っているわけではありません。普通「どこの魚もそれぞれにおいしく、どこと決めるのは難しい」ものです。

大都市の市場、たとえば世界一の魚市場である築地市場には日本各地から水産物が集まります。しかし、すしダネのなかには、都市の市場に出荷されることなく、産地でしか味わえない、いわゆる地魚もあります。また、都市で賞味できるものでも、産地を訪れたおりには、そこでぜひ食べてみたい魚介類もあります。本書ではそういうものも地魚と呼びたいと思います。同じ魚でも地元の味はまた格別で、おいしいものです。

すしを前に、時にはタネやその産地に思いをはせてみてはいかがでしょうか。一貫のすしには私たちの歴史や文化も握られています。

2008年8月吉日

坂本一男

●目次

はじめに……2
本書の使い方……12

光りものなど

こはだ……14
しんこ……15
あじ……16
あじ(酢〆)……17
関あじ……17
〆さば……18
いわし……19
さんま……20
さより……21

白身など

まだい……24

かすご（酢〆）……25
きす（昆布〆）……26
きす（酢〆）……27
すずき……28
あいなめ……29
ほうぼう……30
まごち……31
おこぜ……32
のどぐろ……33
むつ……34
かわはぎ……35
ぶり……36
いなだ……37
かんぱち……38
ひらまさ……39
しまあじ……40
きんめだい……41
はた……42

いさき……43
いしだい……44
くろだい……45
めじな……46
めばる……47
ふぐ……48
しらこ……49
ひらめ……50
ひらめ（昆布〆）……51
えんがわ……51
まこがれい……52
えんがわ……53
ほしがれい……54

赤身

本まぐろ 赤身……56
中とろ……57
大とろ……57

かまとろ……58
ねぎとろ……59
づけ……59
みなみまぐろ 赤身……62
中とろ……63
大とろ……63
初がつお……64

いか・たこ

あかいか……68
しろいか……69
すみいか……70
新いか……71
あおりいか……72
やりいか……73
するめいか……74
ほたるいか……75

たこ……76
みずだこ……77

えび・かに

くるまえび……80
しろえび……81
あまえび……82
しまえび……83
ぼたんえび……84
しゃこ……85
ずわいがに……86

貝

あわび（活け）……88
あわび（蒸し）……89
まだかあわび（蒸し）……90
めがいあわび（蒸し）……91
あかがい（たま）……92

あかがい（ひも）……93
とりがい（活け）……94
とりがい（蒸し）……95
あおやぎ……96
こばしら……97
煮はま……98
ほたて……99
たいらがい……100
ほっきがい……101
本みるがい……102
つぶがい……103
ばいがい……104
いわがき……105
さざえ……106

魚卵など

かずのこ……108
いくら……109

ばふんうに……110
むらさきうに……111
あなご……112
氷頭なます……113
しらうお……114

＊
旬カレンダー……115

全国の主な漁港と地魚マップ

北海道……122
東北・新潟……124
関東・東海・北陸……126
関西・中国・四国……128
九州・沖縄……130

◉コラム

坂本先生の「お魚雑学」

縁側
縁があればめぐり会えるかも……22

江戸前とは
だんだん広くなった「江戸前」の海……65

鯛の九つ道具
どれか一つは持っていタイ……66

魚の旬
「旬はずれ」でもシュンとしないで……78

すし名索引……132
魚介名(標準和名)索引……137
参考資料・写真協力……142
撮影協力……143

◉本書の使い方

標準和名

漢字名

旬

一年で最も味がよくなる時期を示した（★は特においしい時期を示す）

標準和名

エゾバフンウニ

【蝦夷馬糞海胆】

1月 2 3 4 5 6 7 8 9 10 11 12月

ばふんうに

Bafun-uni

intermediate sea urchin, short-spined sea urchin

箱入りで市場に流通するうには、形や色を保つためにたいていの場合、明《みょう》礬《ばん》で処理されているから、わずかとはいえ特有の苦さが口に残る。

写真（北海道枝幸《えさし》産）は生そのままの塩水うに。鮮やかな黄色、ぷっくりふくらんだ鮮度のよさ、そして粒子の細かいねっとり感と、うにの3条件をすべて満たしている。口の中で形のままにとろけるひと房ひと房は、北の海の恵みを凝縮してふっくらと甘い。

うには海栗、また雲丹とも書き、雌雄を問わずその生殖巣を食用とする。日本で食べられているのはエゾバフンウニとキタムラサキウニがメインだ。

［殻径］10cm まで

地方名　ばふんうに、がぜ、がんぜ、あか

分布　福島・山形県以北、朝鮮半島～択捉島

主産地　北海道、青森・岩手・宮城県

110

すし名

すし店での一般的な呼称を採用した

英名

標準的と思われるものを採用した

主産地

水揚高・築地市場への入荷状況・産地の情報などに基づく

分布

その魚介が生息する範囲を示す

地方名

数多くあるものはその中からいくつかを選んだ

光りものなど
Hikarimono

標準和名：
コノシロ
【鰶】

1月 2 3 4 5 6 7 8 9 10 11 12月

こはだ【小鰭】

Kohada
Konoshiro gizzard shad

数ある江戸前のすしダネの総代表。天平時代の733年に編まれた『出雲国風土記』に「近志呂《このしろ》」の字で顔を出すほど、日本人との縁は長く深い。

身がやわらかく足が速いため、小鰭も新子（写真はともに熊本県天草産）も新鮮なうちに酢と塩で締める。その締め加減が職人の技。小鰭なら凛とした若々しさを。1貫に3匹づけの新子は、ごく一時期しか賞味できない、夏を飾る清新な初々しさを楽しみたい。

産卵期が3月〜8月と長いため、産地をずらせば小鰭は一年中いつでも食べられる。新子がすしダネとして登場するのは7月中旬〜8月と短い。

地方名	〈成長名・東京〉しんこ→こはだ→ながつみ→このしろ／つなし（各地で幼魚や若魚のこと）ほか
分布	新潟県、松島湾〜南シナ海北部
主産地	熊本・愛知県、大阪府、佐賀・千葉県など／新子は九州、愛知・千葉県など

1月 2 3 4 5 6 7 8 9 10 11 12月

しんこ【新子】

Shinko

出世はしない出世魚？

東京では成長段階によって名前が変わるが、出世魚ではないという。その理由は、コノシロの名の由来にある。

いわく、好かぬ相手に見初められた娘を死んだことにして、親が子の代わりにこの魚を焼いたから「子《こ》の代《しろ》」。また、たくさん獲れたため、貧しい人たちが飯の代わりに食べたから「飯《こ》の代《しろ》」とも。どちらの由来にせよ、出世とは無縁であまりめでたくはない。

江戸時代の武家は「この城」は食えん、といいつつ、小鰭や新子は好んだという。江戸っ子らしいシャレ心。

[全長] 25cm

あじ

標準和名：
マアジ
【真鯵】

1月 2 3 4 5 6 7 8 9 10 11 12月

Aji
Japanese horse mackerel, Japanese jack mackerel

マアジには沖合を回遊する魚群と、内湾や瀬に定着する魚群（いわゆる瀬付き）があり、体色が黒っぽい回遊型はくろあじ、黄色っぽい瀬付き型はきあじと呼ばれる。きあじはくろあじに比べて脂肪が多く、また漁獲量がはるかに少ないため高値で取引される。

高級ブランドとして知られる関あじは大分県佐賀関産、岬《はな》あじは愛媛県佐田岬産。ブランド名は違っても、どちらも同じ豊予海峡で獲れるマアジだ。

上写真は、兵庫県淡路島産のきあじを鞍掛けに握り、大きいから二つに切ってある。しっとり脂をたたえた、このぴかぴかの切り口。ため息ものです。

地方名	くろあじ、きあじ、のどぐろ、あじ（各地で）、おおあじほか多数
分布	日本、朝鮮半島、東・南シナ海
主産地	長崎・島根・鳥取・愛媛・福岡・山口・鹿児島県など多数

［全長］40cm

あじ（酢〆）

Aji (Sujime)

酢でさっと締めた身に、しっかり包丁を入れる（写真は大分県産）。酢の香りと淡い甘さが尾を引く

関あじ

Seki-aji

ピンクの半透明の身を厚切りした豪華さと、この威張り具合。ブランド名に恥じないあでやかな握り姿

標準和名：
マサバ
【真鯖】

1月 2 3 4 5 6 7 8 9 10 11 12月

〆さば

Shimesaba
chub mackerel

肉質は赤身（といってもきれいなピンク）でやわらかく、脂も多い。生そのままでもいいけれど、酢で締めたほうが少し甘さが増して、歯ごたえもよくなるようだ。ほとんど生・真ん中が生・しっかり締めるなど、締め方は店によってさまざまに異なり、好みもいろいろ。写真の〆さば（神奈川県松輪産）はブランドさばのよさを味わってもらえるよう、締め方はかなり浅い。「秋さば」「寒さば」といわれるとおり、秋から冬にかけて脂がのる。大分県佐賀関の関さば、愛媛県佐田岬の岬《はな》さば、神奈川県松輪の松輪さばなど、ブランドもののエリートさばも多い。

地方名	ひらさば、さば、ほんさば、さわ、のとさば、ひらす、もさばなど
分布	日本近海、世界の亜熱帯・熱帯海域
主産地	長崎・静岡・茨城・三重・島根・千葉県など

［全長］50cm

いわし

1月 2 3 4 5 6 7 8 9 10 11 12月

標準和名：
マイワシ
【真鰯】

Iwashi
Japanese pilchard

体側に7個前後の黒点が一列に並んでいることから「七つ星」とも称される。なにしろ足の速い魚だから、とにかく鮮度を保つのが難しい。

梅雨どきの新鮮なマイワシは質のよい脂がたっぷりのって、本当にとろけるようだ。脂は濃いがしつこからずべとつかず、するするっとのどを滑ってゆく。千葉県銚子産などの中羽（中サイズ）や大羽が最上といい、写真のいわしは銚子産の、中羽の半身を握ったもの。皮目を残した身にさっくりと包丁を入れ、あさつきと生姜を小ぎれいにあしらって、魚、特に青魚好きには文字どおり垂涎ものの一品。

［体長］20cm 以上

地方名	いわし、ちゅうばいわし、おおばいわし、ななつぼし、ひらごなど
分布	日本近海を中心に北西太平洋
主産地	茨城・千葉・静岡・青森・三重・福島県など

標準和名：
サンマ
【秋刀魚】

1月 2 3 4 5 6 7 8 9 10 11 12月

さんま

背は青黒く腹は銀色の、典型的な青魚。細長い姿は刀に似て、秋に多く獲れることから秋刀魚の字を当てる。季節を代表する味は、江戸の殿さま〈落語「目黒のさんま」〉にも孤高の詩人〈佐藤春夫「秋刀魚の歌」〉にも、そしてむろん多くの庶民にも愛されてきた。春から夏にかけて黒潮流域から親潮水域に北上し、8月中旬には南下し始めて、9月〜10月に脂がのった下りサンマが三陸沖で漁獲される。

写真は、7月に揚がった若いサンマだ。ほんの少し酢に泳がせた身はほどよく締まり、さわやかな香りと淡い脂をまとってみずみずしい。

地方名	さいら、さざ、さより、せいら、かどなど
分布	日本各地からアメリカ西岸に至る北太平洋
主産地	北海道、宮城・福島・岩手・千葉・富山・青森・茨城県など

[全長] 40cm

さより

1月 2 3 4 5 6 7 8 9 10 11 12月

標準和名：
サヨリ
【細魚】

Sayori
Japanese halfbeak, Japanese needlefish

長く突き出た下あごはほんのり朱を含み、細魚、または針魚とも書くように、ほっそりと長い銀白色の魚体は、錺《かざり》職人が技を凝らした簪《かんざし》を思わせて美しい。漁獲量の多い産卵期の春を旬とするが、食味は身の締まった真冬がいいとする土地もある。産卵前の大型のものは閂《かんぬき》と呼ばれて珍重される。

　歯切れよく淡泊な身は、美しく澄んだ見た目そのままに冷潔にして鮮烈。一方で光りものの脂特有の、深く豊かなこくを感じさせる。淡泊さと奥深さ両様の味を生かすため、タネには塩とすだちを振り、醤油をつけずにさっぱりといただく。

［全長］40cm

地方名	かんぬき（大型）、すず、はりうお、よろず、よどなど
分布	北海道南部～朝鮮半島、黄海
主産地	九州、伊勢・三河湾、瀬戸内海、富山湾など各地

坂本先生の「お魚雑学」

縁側

縁があればめぐり会えるかも

ヒラメやマコガレイを握ってもらうと、運がよければ「縁側」を賞味することができます。コラーゲンが多いためコリコリした独特の食感をもち、身よりも脂ののりがよいことから、縁側は最もおいしいところといわれます。

「ヒラメの縁側」あるいは単に「縁側」と呼ばれるものは、背びれや臀《しり》びれのひれすじを動かす筋肉のことで、ひれすじを立てる・倒す・左右に倒す働きをする3種の筋肉から構成されています。カレイ類のように背びれや臀びれをよく動かす魚類では、これら一連の筋肉はよく発達します。しかし、すしダネをよく見ると、酢飯にのっている縁側は3種の筋肉すべてではなく、ひれすじを左右に倒す筋肉だけのようです。

白身など

Shiromi

和名:
ダイ
【真鯛】

1月 2 3 4 5 6 7 8 9 10 11 12月

まだい

Madai
red seabream, red seabream snapper

遠く先史時代から食べられつづけ、わが国最古の歴史書『古事記』にもその名が見える「たひ（たい）」は、祝い事には欠かせない魚として日本人に長く親しまれ、尊ばれてきた。古来日本では、魚といえば「鯛」なのだ。

あざやかな淡紅色の肌に真っ青の斑点を散らし、成長すれば体長1m、重量14kgに達する、美しくも堂々たる体躯。刺身に焼き物、煮物、吸い物、蒸し物、酢の物…とどんな料理にも向いている、みっしり締まったくせのない白身。なるほどマダイこそ魚のなかの魚、魚の王さまと呼ぶにふさわしい。

とはいえ近年は養殖ものが主流。か

地方名	おおだい、たい、ほんだい、かすご（チダイ・キダイの幼魚と混称）、こだい（幼魚）など
分布	日本、朝鮮半島〜南シナ海
主産地	愛媛・長崎・福岡・山口・兵庫・熊本・大分県など

かすご【春子】（酢〆）

Kasugo (Sujime)

の最高級ブランド「明石鯛」はじめ、天然ものはめっきり減ってしまった。

熟れても若くてもマダイはマダイ

写真の2品は、関東以北では最高とされる神奈川県佐島産のマダイ。春子は普通チダイの幼魚を指すが、近年はマダイやキダイの幼魚も同じく春子と呼ぶようだ。

身の白とピンクが美しい真鯛は松皮造り。塩とかぼすを振って、甘さと、皮と身の間の豊かな脂を同時に味わいたい。春子はやわらかい皮を残して身に飾り包丁を入れ、酢で10分ほど締めて、早春の味と香りを握る。

［全長］1m

きす（昆布〆）

標準和名：
シロギス
【白鱚】

1月 2 3 4 5 6 7 8 9 10 11 12月

Kisu (Kobujime)
Japanese sillago

透明な飴色に輝くスリムな魚体、つぶらな瞳、愛らしいおちょぼ口。見た目からも想像されるとおり、身は淡泊でくせがまったくなく、天ぷらやフライ、刺身などさまざまに調理されて、老若を問わず好まれている。

湾内の浅瀬に高い脚立を立ててまがり、朝早くからのんびりとアオギス釣りの糸をたれるたくさんの釣り人の姿は、江戸末期から明治にかけて江戸湾（東京湾）の初夏の風物詩だった。高い脚立を使ったのは、小さな波の音にも逃げ出すほど、アオギスは音に敏感で臆病な魚だからという。東京湾のアオギスはほとんど絶滅してしまった

地方名	きす、きすご、しらぎす、きつご、あかぎすなど
分布	北海道南部〜台湾、フィリピン
主産地	瀬戸内海、九州、神奈川・静岡・愛知県など各地

きす（酢〆）

Kisu (Sujime)

ものの、シロギスは現在でも砂浜からの投げ釣り、遊漁船や小舟での一本釣りなど、釣りやすい魚として大いに人気がある。

上品にして純な江戸前の美形魚

すしダネとしては古典的な江戸前ダネの一つ。生のままではなく、昆布〆や酢〆でいただくのが一般的だ。

写真（東京湾産）はどちらも半身を握り、歯切れをよくするために包丁を入れてある。昆布〆はかすかな塩味に混じる甘さがいかにも品がよく、酢〆はほろほろとこぼれるような純な味がすばらしい。

[全長] 35cm

標準和名：
スズキ
【鱸】

1月 2 3 4 5 6 7 8 9 10 11 12月

すずき

Suzuki
Japanese seaperch, Japanese seabass

古代から食べられ、尾翼鱸《おはねすずき》の名前で『古事記』にも登場する、日本人になじみ深い魚。わずかに皮目を残した握り姿（写真は常磐産）は、古名の「筋《すじ》雪《ゆき》」そのままに純白・透明で美しい。

張りと弾力がありながら身はやわらかく、風雅な甘さを秘めて、匂いや臭みはまったくない。繊細さに似合わず滋養に富んでいて、真夏の栄養補給にぴったり――ということで、徳川将軍家の食膳にも登場している。

江戸前で、験《げん》のいい出世魚で、活魚でも多く流通する、真夏が旬の魚。ウナギなぞと暑苦しいことをいわず、夏はスズキで涼しく粋に乗り切りたい。

地方名	出世名（関東）1年魚せいご→2年魚ふっこ→3年魚すずき
分布	北海道南部以南の日本各地沿岸、朝鮮半島南部
主産地	千葉・兵庫・神奈川・愛知・愛媛・福岡県、大阪府など各地

［全長］1m

あいなめ

1月 2 3 4 5 6 7 8 9 10 11 12月

標準和名：
アイナメ
【鮎魚女】

Ainame
fat greenlig

　つややかに澄みきった身はうら若い女性の肌を連想させて、「鮎魚女」と当てた字がいかにもふさわしい。そっと弾むような、若々しい歯ごたえ。見た目以上に豊かな脂を含んでしっとりとやわらかく、清淡な甘さがふんわりと舌に残る。味を生かすには塩を振るか、あるいはぽん酢が向いている。

　地方名「あぶらめ」「あぶらこ」からも推察できるように、白身ながらアイナメは脂が多い。それだけ鮮度の落ちるのが早いから、握りで食べられるのはなかなか貴重だ。

　関東の旬は春。ほかに春～夏、冬～春を旬とする地域もある。

［全長］60cm

地方名	あぶらめ、あぶらこ、しじゅう、もいお、もずなど多数
分布	日本各地、朝鮮半島南部、黄海
主産地	福岡・千葉・茨城・神奈川・青森県、北海道、三陸など各地

標準和名：
ホウボウ
【魴鮄】

1月 2 3 4 5 6 7 8 9 10 11 12月

ほうぼう

Hohboh
red gurnard, spiny red gurnard

円筒形の胴体はごろんと太く、おでこが出っ張った頭でっかち。胸もとには6本の細い足（?）さえあって、とても美形とはいい難い。しかし「器量の悪い魚はウマい」の通説どおり、味はいうことなし。みごとに澄んだ淡いピンクと純白の身は、下ろしてから晒《さらし》に巻いて1～2日置いたころが食べごろだ。見た目に反して歯ごたえは意外なほど力強く、白身魚特有のくせのない甘さが、じんわりと口に広がる。

足に見えるのは遊離軟条といい、胸びれの条《すじ》が肥厚して遊離したもの。6本の軟条を操って餌を探す姿は、まるで海底を歩いているようでカワイイ。

地方名	かながしら（別種カナガシラと区別しない地方もある）、きみよ、ほうほうなど
分布	北海道南部～黄・渤海～南シナ海
主産地	九州、愛知・千葉・静岡・島根・山口・和歌山県など各地

［全長］40cm

まごち

1月 2 3 4 5 6 7 8 9 10 11 12月

標準和名：
マゴチ
【真鯒】

Magochi
bartail flathead

夏を代表する白身の高級魚。サラリと澄んで透きとおった身はほとんど無色に近く、見ているだけで汗が引きそうなほどの清涼感にあふれている（写真は常磐産）。歯ごたえはコリコリっとしっかりしていて、さっぱりした甘さはいかにも夏向きだ。ぽん酢で食べればさわやかさが引き立つ。

マゴチは性転換する魚としても知られ、全長35cmまでは雄、全長40cmですべて雌になるという。

江戸前天ぷらのタネ、またシロギス釣りでよくかかる「めごち」は、コチ科のメゴチではなく、主にネズミゴチなどネズッポ科の魚類を指す。

［全長］1m

地方名	こち、ほんご（こ）ち、くろごち、しろごち、むぎめなど
分布	南日本
主産地	九州、伊勢・三河湾、瀬戸内海、東京湾など

標準和名：
オニオコゼ
【鬼虎魚】

1月 2 3 4 5 6 7 8 9 10 11 12月

おこぜ

Okoze
devil stinger

「きれいなバラには棘《とげ》がある」というけれど、オニオコゼときたらキレイどころかこの悪相なのに棘だらけ。背びれの棘には猛毒まで持っている。でもひと口食べれば、そんな防御態勢のナゾも氷解。奇怪な姿に秘められた、類いまれな美肉をガードしているのだ。

　まるで十二単衣《ひとえ》の裳裾《もすそ》を引いているかのような、半透明の身の優美さ。身はやわらかくそっと歯にまとわって、さらっとした甘さとほんのわずかな潮っ気が舌にしみる。

　美しい握り姿と身の繊細さを同時に味わうには、生醤油よりもやはりぽん酢が向いている。

地方名	おこぜ、しらおこぜ、あかおこぜ、つちおこぜ、やまのかみなど
分布	本州中部以南、朝鮮半島南部〜南シナ海北部
主産地	九州、瀬戸内海など南日本各地

［全長］25cm

のどぐろ

標準和名：
アカムツ
【赤鯥】

Nodoguro
blackthroat seaperch

きれいな朱紅色の魚体、淡紅色の淡泊な身と、地方によってはマダイの代用にもされている高級魚。近年はキチジ（きんき）やキンメダイと並んで人気が高い。のどの奥が黒いことからのどぐろの名がある。ただし、たとえば相模湾では沖合のマアジをのどぐろと称するなど、土地々々でさまざまな魚をのどぐろと呼ぶから注意を要する。

　写真は、皮目をさっと炙った焼霜造り。ふわっとやわらかい身は瞬く間に溶けて、たっぷりの脂の甘さが口いっぱいに広がる。歯ごたえよりも味、それも白身魚の脂特有の、奥深い甘さを愛する人には好個の一品。

［体長］40cm

地方名	のどぐ（く）ろ、あかうお、きんぎょ、めぶと、きんめなど
分布	福島県以南および新潟県～鹿児島県、西部太平洋、東部インド洋
主産地	富山・新潟・石川県など日本海各地、長崎・千葉県など

標準和名：
ムツ
【鯥】

1月 2 3 4 5 6 7 8 9 10 11 12月

むつ

同じ科のクロムツと体形・体色ともよく似ていて、この2種は普通は区別されず、アカムツ（33頁）に対してともに「くろむつ」と呼ばれる。稚魚は沿岸から沖合の表層、若魚は沿岸の浅海、成魚は水深200～700mの岩礁域と、世代によって生息場所が変わる。脂がのる冬が旬の、白身の高級魚の一つ。産卵前の卵巣「むつ子」も、煮つけや椀種に重宝される高級食材だ。

皮目をわずかに残して握るピンクの身（写真は千葉県勝浦産）は、十分に脂がのってしっとり甘く、もちもちした歯ごたえ。ただ多くの白身魚と違って、後味さっぱり、とはいい難い。

［全長］1m

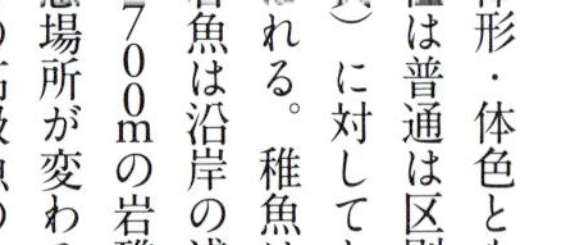

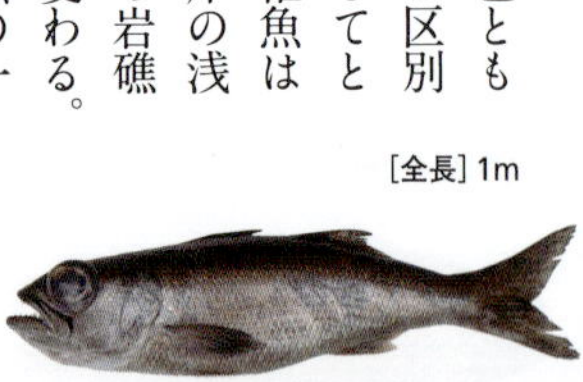

地方名	おきむつ、のどくろ、ろく（のうお）、もつ、からす、ひむつなど
分布	北海道～鳥島、東シナ海
主産地	銚子、伊豆半島～伊豆諸島、九州、高知県、小笠原諸島など

かわはぎ

標準和名：
カワハギ【皮剥】

Kawahagi
threadsail filefish

海釣り好きの人ならたいていは知っている、名うての餌取り名人。おちょぼ口でつんつんと餌（アサリのむき身など）をつついては、上手にさらってゆく。愛嬌のある顔、姿に似ず、皮は鮫皮みたいにかたくざらざら。食べるにはまずこの皮を剥いでから、そこでカワハギの名がついた。

丈夫な皮の下に滋味あふれる白身と肝が隠れているのは、これも多くの釣り人の知るところ。澄んだ身に肝、あさつき、紅葉おろしをのせ、ぽん酢を振る（写真は千葉県勝山産）。もっちりした身はわずかに脂を含み、淡泊ながら底深い甘さがにじみ出てくる。

[全長] 25cm

地方名	はげ、めいぼ、めんぼう、はぎ、ばくち、うしづら、かわむきなど
分布	北海道～東シナ海
主産地	九州、東京湾・相模湾・駿河湾、瀬戸内海など各地

標準和名：
ブリ
【鰤】

1月 2 3 4 5 6 7 8 9 10 11 12月

ぶり

Buri
Japanese amberjack, yellowtail

春から初夏に餌を求めて日本列島沿いを北上し、秋から冬にかけて越冬や産卵のために沖合を南下する、典型的な沿岸性の回遊魚。沿岸からの流れ藻について北上するブリの稚魚は「もじゃこ」と呼ばれ、養殖用の種苗として大量に捕獲されている。

　ブリの養殖は1928年に香川県で始まった。現在では天然もののブリの漁獲高をはるかにしのぎ、各種養殖魚のなかでも最も生産量が多い。養殖にはすべて天然のもじゃこが用いられている。「脂がきつすぎる」「特有の臭みがある」などの欠点も、近年はずいぶん改善されたようだ。

地方名	出世魚：関東＝わかし→いなだ→わらさ→ぶり　関西＝もじゃこ→わかな→つばす→はまち→めじろ→ぶりなど多数
分布	北海道南部～九州、東シナ海、朝鮮半島東岸、沿海州南部
主産地	島根・長崎・石川・千葉県、京都府、山口・富山県など各地

[全長] 1.2m

1月 2 3 4 5 6 7 8 9 10 11 12月

いなだ

Inada

ひたすら泳いでこその天然の味

日本海に「ブリ起こし」と呼ばれる冬の初めの荒波が立つころから、ブリはしっかり脂がのって、特に厳寒期のそれは「寒ブリ」（右頁写真。富山県氷見産）として珍重される。荒海に鍛えられたつややかな真珠色の身は、端麗な脂をみなぎらせてしっとり甘く、見た目よりずっと歯切れもいい。

一方のいなだ（千葉県勝山産）は、真夏の海をはつらつと泳ぎ回る夏の申し子。うっすら甘い淡紅色の身にひそむわずかな潮の匂いが、いかにも泳ぎ好きの若魚らしくすがすがしい。

地方名	関東＝いなだ、わらさ 関西＝はまち
分布	ブリに同じ
主産地	ブリに同じ

［全長］いなだ40cm 前後、わらさ60cm 前後

標準和名：
カンパチ
【間八】

1月 2 3 4 5 6 7 8 9 10 11 12月

かんぱち

Kanpachi
greater amberjack

「間八」の名の由来は、前額部背面に黒褐色の「八」の字型の斜帯があることから。最大で1・9m、80kgにもなるが、食味がいいのは2～3kgのものという。高級なブリの仲間でも最も上等とされ、近年は九州や四国を中心に養殖が盛んだ。養魚場からは、活魚輸送船で東京まで運ばれてくる。

　写真は八丈島産。ぴしっと締まった淡いピンクの身全体に、天然ものならではのあっさり甘い脂がまんべんなく回っている。しっかりした歯ごたえがたのもしく、くっきりと口に残る甘さは涼やかで嫌みがない。日本の夏を感じさせる、そんな味と食感がいい。

地方名	あかいお、あかは（ば）な、かんぱ、あかばらなど
分布	本州以南、全世界の温帯・熱帯海域（東部太平洋を除く）
主産地	九州、伊豆・小笠原諸島、高知・和歌山県など南日本各地

［全長］1.9m

ひらまさ

1 2 3 4 5 6 7 8 9 10 11 12
月　　　　　　　　　　　月

標準和名：
ヒラマサ【平政】

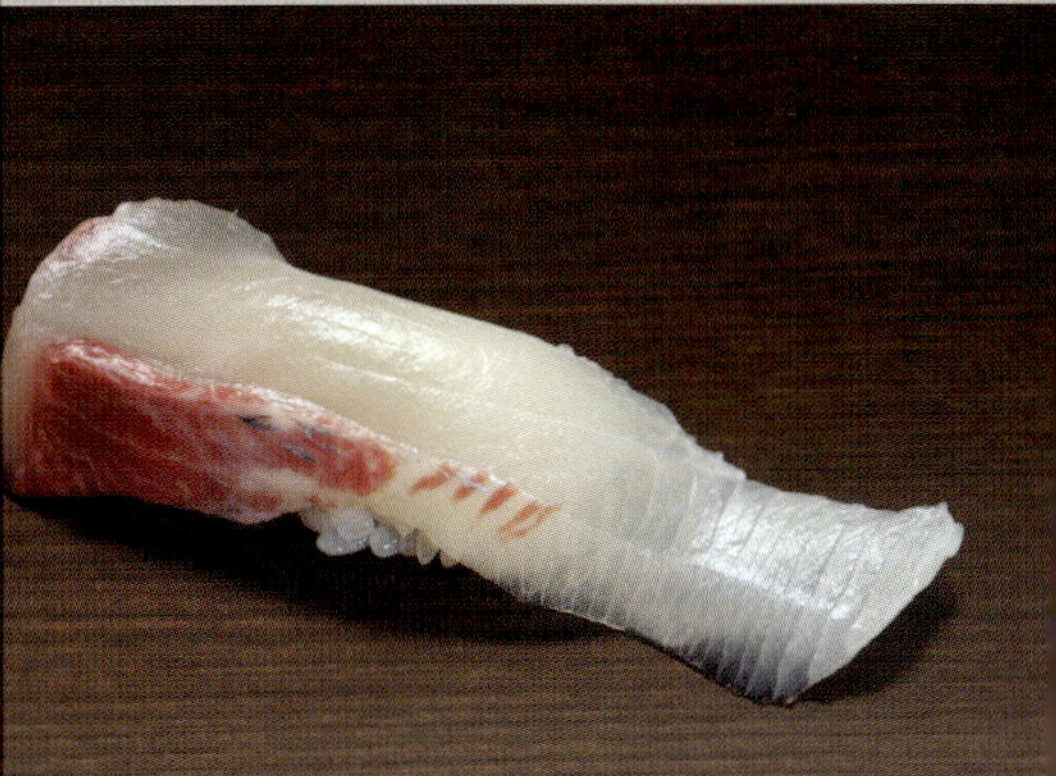

Hiramasa
yellowtail amberjack, giant yellowtail

姿・形ともブリによく似た、岩礁域を中心に生活する回遊魚。ブリほど大きな群は作らず、漁獲高もはるかに少ない。ブリよりも高級・美味とされ、2〜4kgほどの大きさが食べごろ。愛媛県・香川県などでは養殖が行われている。地方名につく「ひら」は、ブリに比べて体形が平たいことから。

写真は千葉県産。皮目の濃いピンクと淡色のグラデーションは、まるで芸術作品のように美しい。口に含めば、まずうっすらと磯の香り。身はさらりと甘く、食べた後には独特の芳香が口の中に揺らぐ。握り姿ばかりか味さえも芸術品と呼べる、夏の逸品。

[全長] 1.9m

地方名	ひらす、ひらそ、ひら、ひらさ、まさ、まや、ひらぶりなど
分布	東北地方以南（琉球列島を除く）、全世界の温帯・熱帯海域
主産地	九州全域、伊豆・小笠原諸島、千葉・島根・山口・鳥取県など

標準和名：
シマアジ【嶋鯵】

しまあじ

1月 2 3 4 5 6 7 8 9 10 11 12月

Shima-aji
white trevally

島嶼《とうしょ》部に多く棲むことから嶋（島）あじ、また若魚の体側中央に幅広の黄色い縦帯があることから縞あじとも。成長すると重さは10kgを超えるが、食味がいいのは中・小型。アジ科の魚では最も美味といい、夏のすしダネや刺身に欠かせない高級魚だ。四国や九州では養殖が行われ、ニュージーランドなどからは鮮魚でも輸入される。

銀色の皮目を縞状に残した乳白色の身に、さっぱりと生姜をあしらった握り姿は爽快そのもの。くせのないまろやかな甘さが口に広がり、淡く上品な脂が舌ににじむ。姿も味も涼感にあふれた、夏にぴったりの握りです。

地方名	おおかみ（大型）、しまいさぎ、ひらあじ、こせ、こせあじなど
分布	世界の暖海（東部太平洋を除く）、日本では東北地方以南
主産地	九州、伊豆・小笠原諸島、高知・千葉県など各地

［全長］1m

きんめだい

1月 2 3 4 5 6 7 8 9 10 11 12月

標準和名：
キンメダイ
【金目鯛】

目が大きいのは、光の量が少ない水深２００～８００ｍの深海の岩礁域で生活するためという。標準和名は、網膜に光の反射層があって大きな目が金色に光ることから。伊豆では「地きんめ」と呼ばれて、下田港の水揚げ量も多い。脂の多い身はやわらかく、煮付けや鍋など加熱調理すると身が締まって一段と味わいを増す。

皮目を残した透明な淡紅色の身に脂がみなぎる写真の一品は、一方の主産地として名高い千葉県勝浦産。脂が多いのに意外にさっぱりしていて、すし飯と混じり合いつつやわらかな甘さが広がる。万人向きの味といえよう。

[全長] 60cm

地方名	きんめ、まきん(め)、かげきよ、ぎめんだい、あかぎ(ぎ)など
分布	太平洋、インド洋、大西洋、地中海、日本では釧路沖以南
主産地	稲取・下田、三崎、銚子・勝浦、八丈島、高知・和歌山県など

はた

標準和名：
マハタ
【真羽太】

1月 2 3 4 5 6 7 8 9 10 11 12月

Hata
convict grouper, convict rockcod

ごく淡いピンクとも白ともいえる半透明の身は、全体がふっくらした温かみを感じさせる（写真は常磐産）。身にはまったくくせも臭みもなく、あさつきと紅葉おろしをのせた上からぽん酢をひとたらしすれば、ほのかな甘さがグンと引き立つ。歯切れよく、きちんと歯ごたえもあって、何ともいえず食べ心地がいい。

同じハタ科の魚に、白身の大型高級魚として知られるアラがいる。ところが西日本では、ハタ類（マハタ、クエ＝大型のハタ類）を指してアラと呼ぶことが多いから注意したい。アラの旬は冬。お間違えのないように。

地方名	あら、くえ、はた、はたじろ、ます、あまあら、かな、たかばなど
分布	北海道南部〜東シナ海（琉球列島を除く）
主産地	九州、和歌山・高知県、伊豆・小笠原諸島など各地

［全長］90cm

いさき

1月	2	3	4	5	6	7	8	9	10	11	12月

標準和名：
イサキ
【伊佐木】

淡いピンクにうっすらと皮目を刻んだ身（写真は千葉県産）は、甘さのなかに磯魚特有の青さをわずかににじませ、弾むような歯ごたえとあわせて、いかにも初夏を飾るのにふさわしい姿と味わいだ。特に6月から7月、しっかり脂がのったころは「つゆイサキ」と称して珍重される。

肉質はくせがなく、子どもから年配者まで万人向きで、近年は四国や九州の各県で養殖も行われている。

幼魚期には黄色い地に、3本の幅広い暗褐色の縦帯がくっきりと走り、その姿がイノシシの子に似ていることから「うりんぼう」と呼ばれる。

［全長］45cm

地方名	いさぎ、いっさき、えさき、かじゃころし（かじやころし）など
分布	本州中部以南、八丈島~南シナ海
主産地	長崎・山口・福岡・三重・高知県、伊豆諸島など各地

標準和名：
イシダイ
【石鯛】

1月 2 3 4 5 6 7 8 9 10 11 12月

いしだい

Ishidai
barred knifejaw

引きがめっぽう強くて釣りにくい、磯釣り師憧れの幻の魚。同時に高級な食用魚でもあり、近年は西日本を中心に養殖が行われている。幼魚には顕著な7本の黒い横帯があり、成長とともに消えて、雄は老成すると口の周りが黒くなる。これをくちぐろと呼ぶ。

殻のかたいフジツボ類やウニ類を食べるため、英名にあるように、あごはまるでナイフのよう。

皮目のピンクと白のだんだら模様がキレイな身（千葉県勝浦産）は、強靱な磯魚らしく歯ごたえがあるが、磯臭さはそれほど感じさせない。噛むうちに、じんわりと甘さがにじんでくる。

地方名	はす、くちぐろ、たかば、ちしゃ(だい)、しまだい(幼魚)など
分布	日本各地や韓国、台湾
主産地	伊豆・小笠原諸島、三重・和歌山・島根・鳥取・長崎・鹿児島県など各地

[全長] 80cm

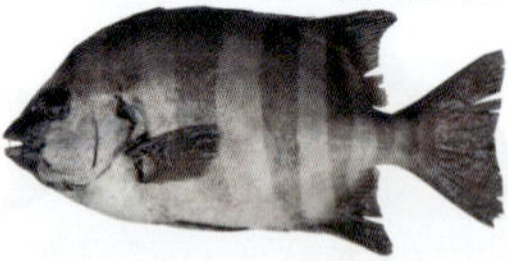

くろだい

1 2 3 4 5 6 7 8 9 10 11 12
月　　　　　　　　　　　月

標準和名：
クロダイ【黒鯛】

Kurodai
black porgy, black seabream

たいの仲間では体色が一番黒いことからクロダイ。「ちぬ」「ちん」などの名は『出雲国風土記』にある「鎮《ち》仁《に》」が転訛したものという。磯魚の王さまとされ、イシダイと並ぶ磯釣りの好対象魚だ。サザエなど高価な餌のほか、スイカの切れ端にも食いつくからおもしろい。性転換する魚として知られ、雌雄同体期を経て雌に分化する。

半透明の身（千葉県勝浦産）はぽってりと白く、わずかな水気もあってやわらかい。脂は少なく、くっきりした甘さと、食べたあとに潮の香りが際立つ。磯魚特有のこの香りが好きな人には、またとない秋の味だろう。

[全長] 60cm

地方名	ちぬ（ちん）、ちぬだい（ちんだい）、くろちぬ、くろ、かめだいなど
分布	北海道以南（琉球列島を除く）、朝鮮半島南部、中国北・中部、台湾
主産地	広島・愛媛・兵庫・愛知・福岡県

標準和名:
メジナ
【目仁奈】

1月 2 3 4 5 6 7 8 9 10 11 12月

めじな

Mejina
largescale blackfish

イシダイ、クロダイとともに磯魚の代表格。近畿から中国・四国では「ぐれ」と呼ばれ、磯釣りの対象として特に人気が高い。そればかりでなく、旬の冬場以外は多少の磯臭さがあるものの肉質はよく、近年は食材として大いに利用されている。臭みは胆のうにあり、また、沖合より磯につくメジナのほうが脂ののりがいいという。

　透明な白に近い淡いピンクの身（写真は千葉県勝浦産）は、もちもちと締まって歯ごたえがよく、しっかり脂がのって甘さも十分。鼻孔をよぎる新鮮な潮の香りが、元気ハツラツたる磯魚らしくて楽しい。

地方名	ぐれ、くろいお、くろだいほか多数
分布	新潟県、房総半島〜鹿児島県、朝鮮半島南部、台湾、中国福建省、香港
主産地	相模湾、伊豆半島〜伊豆諸島、瀬戸内海、九州ほか日本各地

［全長］60cm

めばる

1月 2 3 4 5 6 7 8 9 10 11 12月

標準和名：
メバル
【目張】

Mebaru
darkbanded rockfish

日本近海でごく普通に見られ、鮮魚店やスーパーの店頭でもなじみの魚。最も標準的な日本の魚の味といい、よく締まった淡泊な白身は、冬から春にかけて脂がのる。脂肪の含有率がマダイに近いのも、日本人に好まれる理由の一つだ。

白とピンクのだんだら模様が鮮やかな身は歯ごたえよく、脂も甘さもほどよく、とても食べやすい。ただ、これといった特徴を感じさせないところが「標準的な味」とされる所以か。

築地市場では、魚体が黒い本来のメバルを黒めばる、魚体が赤い別種のウスメバルをめばると呼ぶのが普通だ。

［全長］25cm

地方名	きんめばる、くろめばる、はちめ、めばち、あかめばるなど
分布	北海道南部～九州、朝鮮半島南部
主産地	瀬戸内海、日本海西部、伊勢湾など日本各地沿岸

ふぐ

標準和名:
トラフグ
【虎河豚】

1月 2 3 4 5 6 7 8 9 10 11 12月

Fugu
Japanese pufferfish, tiger puffer

トラフグは日本で食用と認められているフグ科の魚17種（ほかにマフグ、カラス、ショウサイフグ、ナシフグなど）のうち最も美味とされ、まして天然ものであれば、値段も他の魚種に比べて圧倒的に高い。

高価な魚だけに古くから蓄養が行われ、現在は長崎県をメインに養殖・放流が盛んだ。中国や韓国からの活魚・鮮魚、また冷凍ものの輸入も多い。近年は中国からの養殖ものの輸入が増えている。

独特の「袋《ふくろ》競《ぜ》り」がおもしろい山口県下関市の南《は》風《え》泊《どまり》市場は、取扱量日本一のふぐ専門市場として知られる。

地方名	しろ、ほんふぐ、まふぐ、だいまる、おおぶく、もんふぐ、げんかいふぐ、しろまるなど
分布	日本周辺、東シナ海、黄海
主産地	福岡・長崎・愛媛・石川・山口・富山・香川県など

しらこ【白子】

Shirako

二つの恵みを同時に味わうゼイタク

写真の2品は、本場・大分県臼杵から仕入れた丸のままの天然のトラフグを、ふぐ調理師の資格を持つすし職人がみずからさばいて握ったもの。

透きとおった身に紅葉おろしの朱、あさつきの緑が映えるふぐは、淡泊ながらふくよかな甘さを秘めている。刺身とはひと味違って、人肌のやさしさを感じさせる。

ボイルして軽く焼いた白子。純な甘さたっぷりの濃密な海のミルクが、口いっぱいにとろけあふれて、あまりの豊醇さにしばらくは言葉も出ない。

［全長］75cm

標準和名：
ヒラメ
【鮃】

1月 2 3 4 5 6 7 8 9 10 11 12月

ひらめ

Hirame
bastard halibut, olive flounder

マダイと並ぶ高級白身魚の横綱格。「寒びらめ」と称されるように、旬の秋から冬にかけては脂がのって、身がうっすら飴色を帯びてくる。締まった身はくせがなく、すしや刺身はもちろんあらゆる料理に向く。脂とコラーゲンたっぷりの縁側（22・53頁参照）は近年のグルメ&ヘルシー指向の波に乗り、また1尾から少ししか取れないこともあって、大いに人気がある。

ひらめは活〆をさばいて晒に巻き、冷蔵庫で一日寝かせて翌日使う。寝かせることで甘さがふっくらと際立ち、びっくりするほど歯切れもよくなるからフシギ（写真は3点とも青森産）。

地方名	てっくい、おおくち（かれい）、みびき、ひだりぐち、そげ（幼魚、若魚）など
分布	千島列島〜南シナ海
主産地	北海道、青森・秋田・山形・千葉・福井県、常磐ほか各地

［全長］1m

ひらめ（昆布〆）

Hirame(Kobujime)

昆布に挟んで2～3時間（時間は店により異なる）置くことで、身が締まって潮の香も引き立つ

えんがわ【縁側】

Hirame(Engawa)

舌にしみる脂の甘さばかりでなく、抜群の歯切れと歯ごたえを楽しみたい

標準和名:
マコガレイ
【真子鰈】

1月 2 3 4 5 6 7 8 9 10 11 12月

まこがれい

Makogarei
marbled flounder

かれい類は日本周辺に約40種が生息し、そのすべてが食用とされる。なかでも煮つけや唐揚げ、椀ものなど、さまざまな料理でなじみ深いマコガレイは、夏を代表する白身ダネの一つだ。

白身は、特に「食べごろ」を大切にする。新しすぎず寝かせすぎず、うっすらと上品な甘さが醸成されたころ合いを計って握るのが鉄則という。

まこがれい（写真は茨城産）は、やわらかいのにしっかりと歯切れよく、甘さも上品に仕上がって申し分ない。タネの食べごろを見切った職人技の精華といえる。こんなマコガレイをヒラメより好む人も少なくない。

地方名	あまて、くちぼそ、しろしたがれい、まこ、もがれいなど
分布	大分県～北海道南部、東シナ海北部～渤海
主産地	瀬戸内海、大分県、東京湾、常磐など各地

えんがわ【縁側】

Makogarei(Engawa)

美容にもいい「縁側」

「縁側」とは大ざっぱにいえば、背びれと臀《しり》びれの軟条（ひれすじ）を動かす筋肉のこと（ヒラメも同じ）。硬たんぱく質のコラーゲンが多いため、とてもかたい。そこにしっかり包丁を入れて心地よい歯ごたえに変えるのは、これまたプロの技。脂をたっぷり含んでいながら意外にあっさりと甘く、最近とみに人気が高い。身と縁側、どちらも塩かぽん酢がよく合う。

高級ブランドの「城下がれい」は、日出《ひじ》町（大分県）の日出城跡下の海岸に産するマコガレイのこと。

［全長］45cm

標準和名：
ホシガレイ
【星鰈】

1月 2 3 4 5 6 7 8 9 10 11 12月

ほしがれい

Hoshigarei
spotted halibut

かれい類のうち「最も美味」との声が高い。築地市場では最高級魚として取引され、すし店でも非常に高価なタネの一つ。さばいて晒に巻いて、1〜2日置いたころが食べごろだ。

ピンと張りのある透明な身（写真は常磐産）はわずかにやわらかいのに、歯ごたえは十分。閑雅な甘さはさらりと舌に溶けてすがすがしい。控えめながら自己主張のある、印象深い味を探るには、塩かぽん酢を振るのがいい。

放流後あまり移動しないホシガレイの性質を利用して、岩手県や宮城県、長崎県などでは養殖のほか、種苗の生産・放流も行われている。

地方名	たかのは（びらめ）、やまぶし（がれい）、もんがれ（い）など
分布	本州以南、ピーター大帝湾〜朝鮮半島、東シナ海〜渤海
主産地	常磐〜銚子、三陸、長崎県など

［全長］60cm

赤身
Akami

標準和名：
クロマグロ
【黒鮪】

1月 2 3 4 5 6 7 8 9 10 11 12月

本まぐろ 赤身

Hon-maguro/Akami
Pacific bluefin tuna

赤身：ひところの「とろ信仰」はだいぶ収まって、近年は赤身を好む人が増えてきた。透明でむっちりした赤身には、最高のクロマグロに特有の、一種独特の酸味があってすばらしい。

中とろ：半分赤身、半分はとろ。やさしく複雑な味わいに、最もファンが多い。噛むほどもなく溶けてすし飯と過不足なく混じり合い、上品な甘さを舌にさらりと残してゆく。

大とろ：A5飛びクラスの牛ロースもかくやと思わせる。ピンクに純白のサシが入った様子は「蛇腹」とも呼ばれる。身が崩れぬようそっと握った逸品を、そっとつまんでいただく。

中とろ
Chutoro

大とろ
Ohtoro

かまとろ

Kamatoro

かまとろ…まぐろ1尾に、左右2カ所しかない部位。これがいわゆる「霜降り」だ。大とろよりもサシが細かくて緻密だから、歯ざわりやさしく、甘さと脂のバランスは比類ない。

ねぎとろ…大間のクロマグロのねぎとろとはゼイタクな。中骨周りの脂たっぷりの身をこそいで軍艦に握り、あさつきとわさびを利かせる。溶け合う脂の甘さと海苔の香りに、思わず絶句。

づけ…生身を醤油に漬けて持ちをよくしたづけは、江戸時代後期に生まれた食べ方。漬け方はいろいろだが写真はあっさりめ。醤油のほのかな塩味が、赤身の甘さとこくを引き出している。

ねぎとろ

Negitoro

づけ

Zuke

クロマグロ・腹カミ

　大海原を時速１００㎞の高速で大回遊するまぐろは、外洋での食物連鎖の頂点に立つ魚の王さま。わが国で食用とされた歴史は古く、縄文時代にはすでに食べられていたという。

　今、すし屋さんで普通に「まぐろ」といえば、まずはクロマグロのこと。５００㎏にもなる巨体といい味のよさといい、別称の「ほんまぐろ」にふさわしいまぐろ界のキングだ。

　超高級ブランドとして知られる青森県大間産のクロマグロは、餌をたらふく食べて脂がのった秋から冬が旬。ほかにも同県三厩《みんまや》、北海道戸井・松前、長崎県壱岐など有名な産地がある。

地方名	ほんまぐろ、しび、まぐろ、くろしび、まぐろしび、ほんしび、めじ・よこわ（若魚）など
分布	北太平洋の温帯海域が中心
主産地	鳥取・宮城・高知・青森・三重県など

まぐろの各部位の呼び方

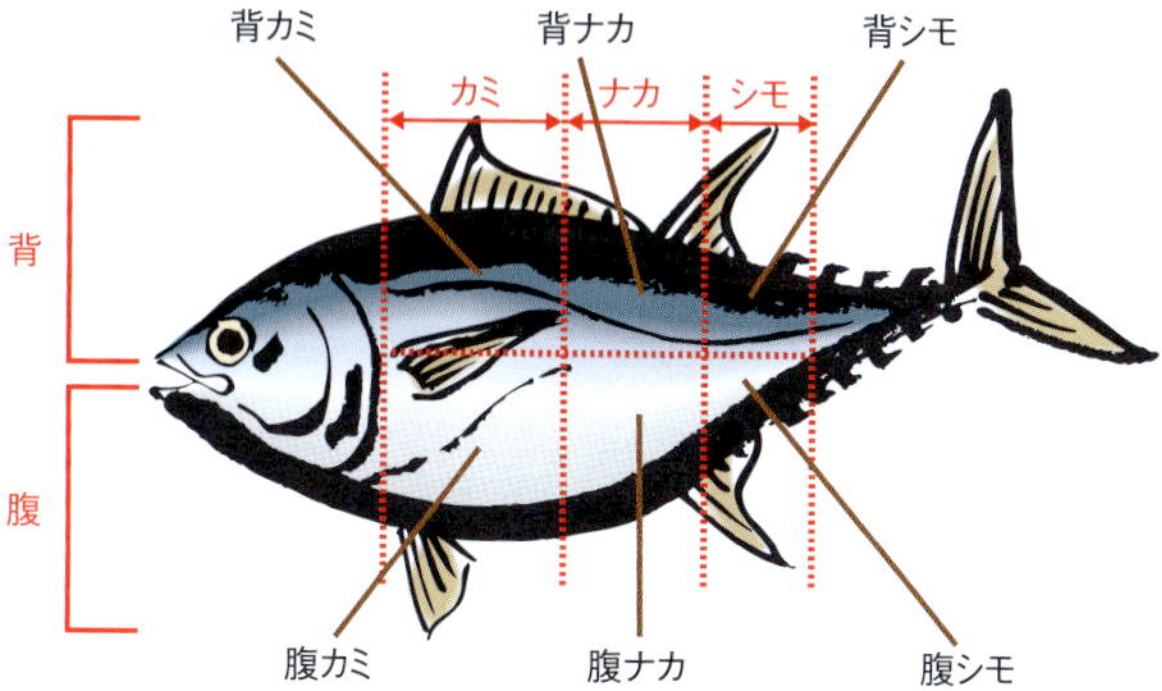
背カミ
背ナカ
背シモ
カミ
ナカ
シモ
背
腹
腹カミ
腹ナカ
腹シモ

●「中落ち」とは、まぐろをおろしたときに、骨と骨の間に付いている赤身のこと。

まぐろは背より腹、尾より頭

まぐろは背側と腹側に2分され、頭から尻尾にかけてはそれぞれカミ・ナカ・シモに3分される。たとえば腹側で頭に近い部位は腹カミ、真ん中の背側は背ナカと呼ぶ。腹側は大とろと中とろが多くを占め、背側は赤身が多い。したがって同じ1匹のまぐろなら一般的に、腹カミが最も高価で背シモが一番廉価、ということになる。

56〜59頁に並べた6品は、どれも大間に揚がった旬のクロマグロの腹カミの逸品。気軽に口にできるタネではないが、まずは写真でご賞味ください。

[全長] 2.9m

標準和名：
ミナミマグロ
【南鮪】

1月 2 3 4 5 6 7 8 9 10 11 12月
＊周年入荷する

みなみまぐろ 赤身

Minami-maguro/Akami
southern bluefin tuna

重さ約160kg、クロマグロによく似た大型種で、標準和名どおり南半球のみに分布する。日本にはクロマグロが品薄になる夏から秋に出回ることが多い。天然ものは冷凍で、オーストラリア南部で養殖されているものは鮮魚または冷凍で輸入される。

職人さんによれば、クロとミナミでは色が微妙に違うし、握った感じもずいぶん違うという。まぁ、シロウトにはわかりにくいところなのですが。

写真は3点ともインド洋産の天然もの（冷凍）。赤身はくせがなく、ほのぼのとしたやさしい味だから、つづけていくつもほお張れそうだ。

地方名	インドまぐろ、ごうしゅうまぐろなど
分布	南半球の温帯海域
主産地	オーストラリア・ニュージーランド・南アフリカ沖、インド洋の南緯30度〜40度〈漁場〉

[全長] 2.2m

水産総合研究センター 開発調査センター：提供

中とろ

Chutoro

1/3が赤身で2/3はとろ。脂はかなりきつく、
舌にからみつく感じ

大とろ

Ohtoro

脂がみなぎった霜降り。口の中に飛散する
脂は、わずかに緩めか

標準和名：
カツオ
【鰹】

1月 2 3 4 5 6 7 8 9 10 11 12月

初がつお

Hatsu-gatsuo
skipjack, skipjack tuna, bonito

春から夏、日本列島の太平洋側を北上する群を上りガツオ、夏から秋に南下する群を下りガツオ（戻りガツオ）と称し、下りガツオのほうが脂がのっている。にもかかわらず「旬は春」とするのは、旬の文化的側面―江戸っ子が女房を質に入れてでも食べたがったり、青葉やホトトギスと並び称されたり―を示す好例といえよう。

さて、その初がつお。脂こそ少ないものの、澄んだ赤身はいわば血気をはらんでみずみずしく、さわやかな香りとともに若さが匂い立つようだ。この「若さ」をよしとするゆえに、下りガツオは握らないすし店も多い。

［全長］1m

地方名	すじがつお、まがつお、やた、ほんがつお、やまとがつおなど
分布	世界の温帯・熱帯海域
主産地	静岡・三重・宮城・宮崎・高知県、東京都など

坂本先生の「お魚雑学」

江戸前とは

だんだん広くなった「江戸前」の海

江戸前ずしは、もともと江戸前すなわち江戸の前の海で獲れた魚介類を使ったすしのことですが、この江戸前とは当初、どのあたりを指していたのでしょうか。

文政2年（1819）の魚河岸の肴問屋から肴役所への答書に、「江戸前」とは「品川洲《す》崎《さき》一番杭と深川洲《す》崎《ざき》松棒杭とを見通した陸側の海」という文言があります（「中央区史」中央区役所、1958)。この深川〜品川が最も狭いものです。また、明治生まれのある漁業者は、「東は中川の延長線の澪《みお》と、西は品川宿からお台場をつらねた北側の海」（中川〜品川）を、先祖代々江戸前と呼んできたといいます（「東京湾の歴史」高橋在久編、1993)。

最近では、東京湾内湾(富津岬から観音崎)で獲れた魚介類をすべて「江戸前」と、多くの人は考えているようです。

坂本先生の「お魚雑学」

鯛の九つ道具

どれか一つは持っていタイ

魚は『古事記』以来、さまざまな文書に登場しますが、江戸時代になると図譜もたくさん出版されるようになります。いくつかの図譜には「鯛の九つ道具」が描かれています。マダイの骨や耳石《じせき》などを道具に見立てたもので、三ツ道具（鍬《くわ》・鎌《かま》・熊手《くまで》）、鯛石《たひせき》、大龍《だいりゅう》、小龍《こりゅう》、鯛中鯛《たひちゅうのたひ》、鍬形《くわかた》、竹馬《ちくば》、鳴門骨《なるとほね》、鯛之福玉《たひのふくだま》とそれぞれ呼ばれます。

このなかで最も有名な道具は鯛中鯛、すなわちタイのタイで、しばらく前にブームになったこともあります。鯛中鯛は肩甲骨と烏口骨《うこうこつ》を魚に見立てたもので、眼に当たる、肩甲骨の孔は神経の通路です。『水族写真』（奥倉辰行著、1857）所載の「鯛名所之図」には、「古来より」これらの道具を持っていると「物に不自由な」く「福碌を得る」とあります。

いか・たこ
Ika·Tako

標準和名：
ケンサキイカ
【剣先烏賊】

1月 2 3 4 5 6 7 8 9 10 11 12月

あかいか【赤烏賊】

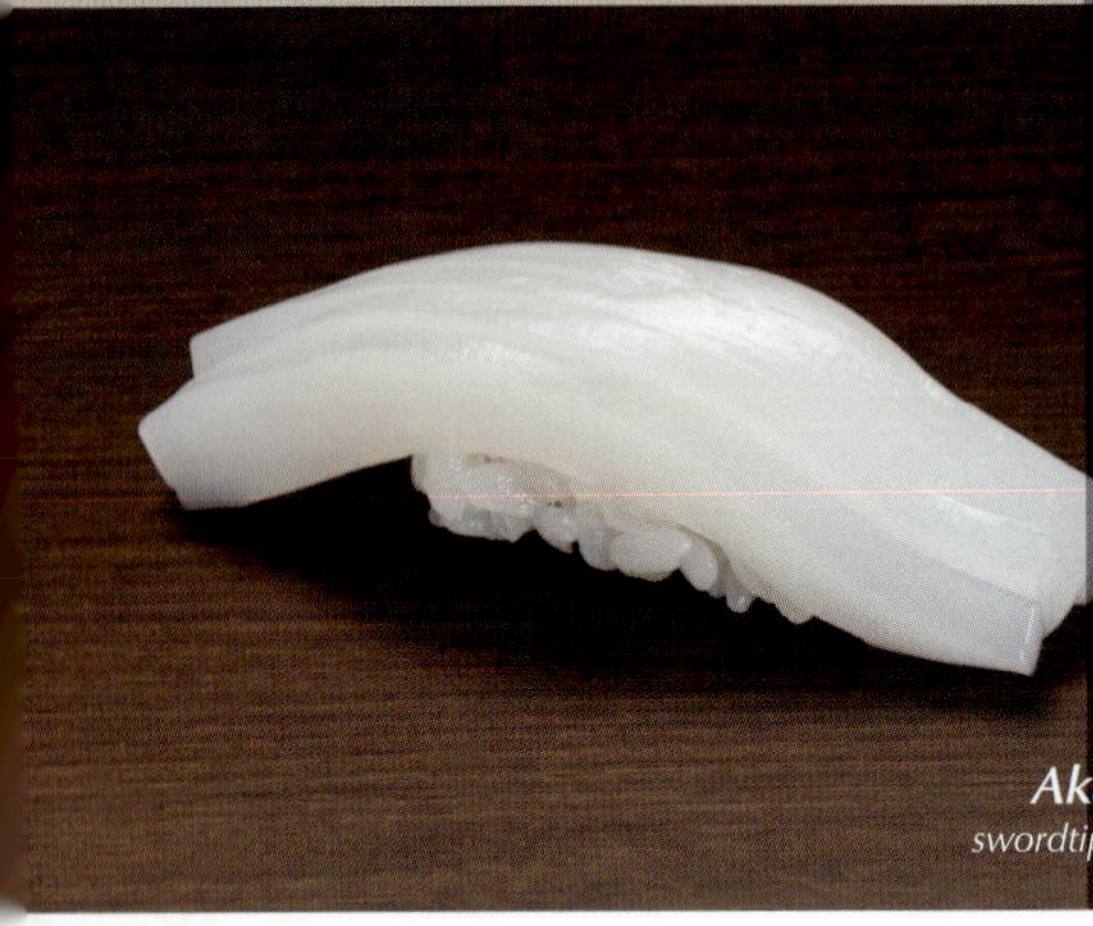

Aka-ika
swordtip squid

　ケンサキイカは分布範囲が広く、生育場所や季節によって体形にかなりの差がある。そのため産地や市場ではさまざまな名で呼ばれており、なかでも体形が細長い夏～秋発生群型を「あかいか」、太めの冬～春発生群型を「しろいか」と称する。それにしても同一種のいかを一方で赤（築地市場など）といい、もう一方で白（山陰地方など）と呼ぶのは、あまりといえばあまりの違いではなかろうか。
　同じ科のヤリイカに似て、透明な体はほっそりと美しい。しかし「剣先」の名前どおり「槍」よりはちょっぴり太め。ちなみに干したケンサキイカは

地方名	ごとういか、あかいかなど
分布	本州中部～東南アジア、オーストラリア北部
主産地	長崎・佐賀・福岡県、ほかに伊豆諸島～伊豆半島など

［外套長（胴長）］雄50cm、雌40cm

1月 2 3 4 5 6 7 8 9 10 11 12月

しろいか【白烏賊】

Shiro-ika
swordtip squid

「五島するめ」「一番するめ」と呼ばれ、するめのうちでも一、二を争う高級品として知られる。

塩が味の個性を引き立たせる

あかいか（写真は式根島産）もしろいか（同山口県萩産）も、身の透明感がすばらしい。どちらも繊維に沿って包丁を入れるのは、かたさをやわらげ、甘さとうまみを増すための工夫だ。噛んだ瞬間、澄んだ湧き水を思わせる清冽さが口いっぱいに広がるあかいか。しっとりした舌ざわり、上品な甘さと独特の香気が立つしろいか。それぞれの味を楽しむには、まずは塩で。

［外套長（胴長）］35cm 以上（雄）

地方名	ぶどういか、しろいかなど
分布	日本海西部〜東シナ海の沿岸・近海域
主産地	福岡・山口・島根県など

標準和名：
コウイカ
【甲烏賊】

1月 2 3 4 5 6 7 8 9 10 11 12月

すみいか【墨烏賊】

Sumi-ika
golden cuttlefish

標準和名のコウイカは、胴内に石灰質の平たい甲を持つことから。一般にはすし店などでよく目や耳にする「すみいか」のほうが通りがいい。この名前は、いか墨の量の多さに由来する。

いかの仲間のうちで繊維が最もやわらかいため、身はさくっと歯切れよく、舌にしっとりとからまるよう。コウイカを「いかダネの王さま」とする有名店があってフシギはない。

歯切れがいいから、飾り包丁は入れずに握る（写真は愛知県伊良湖産）。かぼすを利かせて塩を振り、醤油をつけずにそのままほおばれば、口に広がる自然な甘さのなんと上品なこと。

地方名	すみいか、はりいか、まいかなど
分布	関東以西、東・南シナ海
主産地	愛媛・大分・山口・広島・福岡・長崎・兵庫・香川・和歌山県など

1月 2 3 4 5 6 7 8 9 10 11 12月

新いか【新烏賊】

Shin-ika

秋を呼ぶ愛らしいすしダネ

夏から秋にかけて獲れる子どものコウイカは「新いか」と呼ばれて人気がある。すしダネサイズが出回るのは8月下旬ごろ。写真（同）の新いかは時季が早く、身は小指の先、げそ（足）は親指の爪二つ分ほど。どちらも1貫に2杯（2匹分）づけの小ささだ。

精巧なおもちゃみたいなげそは、ぷりっとした歯ごたえとさらさらの潮の味が、姿同様に愛らしい。身は小さく薄く、淡い甘さに幼さを感じさせる。清楚ともいえる味がほろっとのどをすべって、残るのは涼やかさばかり。

［外套長（胴長）］16cm

日本水産資源保護協会：提供

標準和名：

アオリイカ

【泥障烏賊】

1月 2 3 4 5 6 7 8 9 10 11 12月

あおりいか

Aori-ika
bigfin reef squid

刺身、あるいはすしダネとして、数あるいかのなかでも王さまクラスといえる。標準和名は、胴全体を覆う長円形のひれが、泥障《あおり》（馬の両腹を覆う泥除け用の馬具）に似ていることから。

純白でとろりと半透明の身（写真は千葉県勝山産）は、見た目やわらかそうなのに比較的かたいため、縦と横に飾り包丁を入れる。それでも歯ごたえしっかり、甘さはくっきりと立って、潮の香りもみずみずしい。歯ごたえ・味・香りの三位一体は、いかの王さまと呼ばれるのにふさわしい。

するめの「みずするめ」は「一番するめ」に負けない高級品。

地方名	みずいか、ばしょういか、くついか、もいかなど
分布	北海道南部以南、インド・西太平洋の温帯・熱帯の沿岸から近海域
主産地	日本各地

［外套長（胴長）］35cm 以上

やりいか

1 2 3 4 5 6 7 8 9 10 11 12
月　　　　　　　　　　　　月

標準和名：
ヤリイカ
【槍烏賊】

Yari-ika
spear squid

　名前どおり先端が槍のように尖った菱形のひれ、長い胴、短く細い腕。海中を自在に泳ぐ姿は、虚空を裂いて飛ぶ宇宙ロケットを思わせてクールだ。やや薄い身は甘く、刺身やすしダネなど多く生で用いられる。熟卵を抱いた雌の、滋味豊かな煮付けもいい。

　つややかに澄んだ、この美しさはどうだろう（写真は千葉県勝山産）。繊維に沿って細い短冊状に包丁を入れるのは、歯ごたえほどよく食べやすく、またうまさを増すための工夫。身には雑味がまったくなく、さらっと純な甘さなどクールな姿そのままに、さわやかで一本気な味がいい。

[外套長（胴長）] 40cm 以上

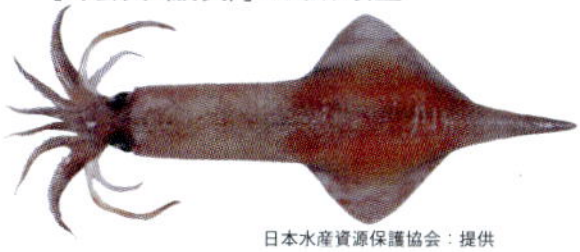

日本水産資源保護協会：提供

地方名	さやなが、ささいか、てっぽう、みずいか、ごういかなど
分布	北海道南部～東シナ海・黄海
主産地	五島列島、常磐、青森・千葉・静岡県など各地

標準和名：
スルメイカ
【鯣烏賊】

1月 2 3 4 5 6 7 8 9 10 11 12月

するめいか

Surume-ika
Japanese flying squid

やや扁平な菱形のひれに円筒形で筋肉質の外套（胴体）を持つ、いかにもいからしいいか。日本で最もよく知られ、また最も多く食べられている。酒の肴にぴったりのするめは、ケンサキイカの「一番するめ」に対して「二番するめ」と呼ばれる。

身が筋肉質でかたいことから薄めに造り、細い短冊状に包丁を入れる。それでも歯ごたえはややかたく、うっすら甘いなかにわずかな潮くささも感じさせる（でもこの潮くささに、上にあしらった生姜がよく合うのだ）。味というより、いわば新鮮な若々しさを楽しむすしダネといえようか。

地方名	まいか、むぎいか、するめ、まついかなど
分布	日本海、東シナ海～黄海、日本海、太平洋北西部、オホーツク海
主産地	北海道、青森・石川・長崎・宮城・岩手県など

[外套長（胴長）] 25cm 以上

ほたるいか

1月 2 3 4 5 6 7 8 9 10 11 12月

標準和名：
ホタルイカ【蛍烏賊】

Hotaru-ika
Japanese firefly squid

さっと軽く湯がいただけのホタルイカ（写真は富山県産）を2杯づけして海苔で巻き、生姜をあしらう。照りといい透明感といい、口に含んだときの独特のわずかな青臭さといい、湯を通したとは思えぬほどの生鮮さ。身はやわらかく、かすかに苦みを秘めたワタの甘さと、香り高い海苔がよく合う。

　産卵期を迎えた雌のホタルイカは、大挙して浅海に集まってくる。なかでも4月〜5月ごろの、富山湾の大集群は有名だ。網が上げられると、無数のホタルイカが1個体1000個もの発光器に冷光をきらめかせて、富山湾の初夏の夜を妖しく、はかなげに彩る。

［外套長（胴長）］7cm

滑川市商工水産課：提供

地方名	まついか
分布	日本海、本州〜四国太平洋岸
主産地	富山・兵庫県など

標準和名：
マダコ
【真蛸】

1月 2 3 4 5 6 7 8 9 10 11 12月

たこ

Tako
common octopus

写真は、強い潮流に揉まれて育ったマダコのトップブランド、兵庫県明石産。飾り包丁を入れた身は持ち前の豊かな弾力はそのままにさっくり歯切れよく、人肌の温もりの奥にあえかな甘さが潜む。歯ごたえを楽しむうち、やがてすし飯との相乗効果か、微妙な甘さとさわやかさが、舌と胸にしみる。

「たこ」と聞いて、たいていの日本人が真っ先に思い浮かべるマダコ（北海道では少し事情が違う＝77頁）。そのマダコの雌は、産卵後から卵が孵化するまでの約4週間、何も食べずにひたすら卵を守りつづけ、孵化が終わるとそのまま餓死してしまうのだという。

地方名	いわだこ、いしだこ、たこ、いそだこなど
分布	世界の温暖海域（東部太平洋を除く）
主産地	瀬戸内海、九州、愛知・三重・石川・福井県など日本各地

［体長］1m

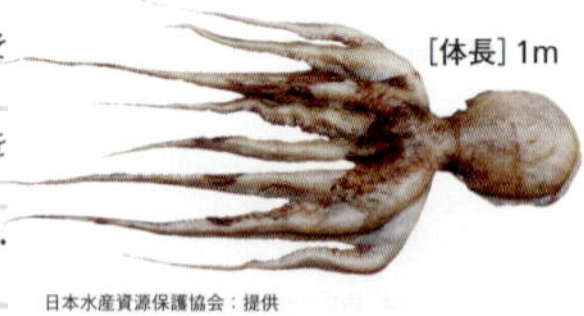

日本水産資源保護協会：提供

みずだこ

1月 2 3 4 5 6 7 8 9 10 11 12月

標準和名：
ミズダコ
【水蛸】

Mizudako
Pacific giant octopus

ミズダコは、雄の体長が3mにも達する世界最大のたこ。その怪物的な全身像に比して握り姿の清楚なこと。

　純白の身はやわらかく、噛むほどに甘さが増してくる。丸ごとコラーゲンといえそうな、透明なゼラチン質のふくよかさ。皮と一緒に剥いで身だけを握る店もあるけれど、たっぷりのゼラチン質こそミズダコの命。「皮もつけて」と注文したい。身はマダコよりゆるくやや水っぽいものの、ゼラチン質ゆえに「ミズダコのほうが好き」な人も少なくない。ところが本場の北海道（写真も）ではミズダコを「まだこ」と称するから、注文の際はご用心。

日本水産資源保護協会：提供

［体長］3m（雄）

地方名	おおだこ、しおだこ、まだこ、ぶよだこ、だぶだこなど
分布	日本～カリフォルニア沖の亜寒帯水域
主産地	北海道、青森・宮城県

魚の旬

「旬はずれ」でもシュンとしないで

　魚は同じ種類であっても、時期によって味が異なります。ほとんどの魚ではふつう年1回、最も味がよくなる時期、すなわち旬があります。旬は中古の朝廷で行われた旬儀（旬政）に由来します。ふつう、旬は産卵期の前に当たります。多くの魚介類は産卵期の前に活発に餌をとり、グリコーゲンや脂質とともに遊離アミノ酸などを多く蓄えるからです。しかし実際には、魚の旬は地域・時代・文化などによって異なることがあります。カツオがよい例で、東京では脂ののった秋（戻りがつお）ではなく、春（初がつお）が旬とされます。初がつおももちろんおいしいのですが、これは初物を尊ぶ江戸っ子以来の伝統と考えられています。

えび・かに
Ebi・Kani

標準和名：
クルマエビ
【車海老】

くるまえび

Kuruma-ebi
Kuruma prawn

この紅白だんだら模様の、ハッとするほどの美しさはどうだろう。近ごろはやりの躍り（生食）では、これほどの華やかさはとても望むべくもない。活きえびを茹でてから氷水で冷ます、江戸前の仕込みだからこその色。色ばかりでなく甘さも香りも、生に比べて一段と濃く、深い。

クルマエビはイセエビと並んで、日本人に最も親しまれているえび。体長5cm内外をさいまき、10cmほどをまきと呼び、すしには普通、まきを用いる。ミソも一緒に握ることが多いから、苦手な人は申し出て取ってもらうといい（写真はミソつき）。

地方名	まえび、まき、さいまき、はるえび
分布	北海道南部以南、東南アジア～インド洋
主産地	愛媛・大分・愛知・福岡・熊本県など

［体長］普通20cm

しろえび

1 2 3 4 5 6 7 8 9 10 11 12
月 月

標準和名：
シラエビ
【白蝦】

Shiro-ebi
Japanese glass shrimp

深い藍色の海に育ち、地元では「藍《あい》甕《がめ》に棲む深海の宝石」と称される。透きとおった淡いピンクの肢体は、英名にあるglassどおり、脆《もろ》く繊細なガラス細工そのままだ。市場に流通するほどの漁獲があるのは、世界でも富山湾だけという。

殻をむけば小指半分ほどの小さなえびだから、身を何匹分も一緒に軍艦にのせて、上にちょんと下ろし生姜をあしらう。白い透明な身はほのかな甘さを閉じ込めてすがすがしく、まるで季節そのものを味わうかのよう。初夏のシラエビ漁は、ホタルイカ漁とともに富山湾の風物詩として知られる。

［全長］8cm

地方名	しろえび、しらたえび、べっこうえび、ひらたえび
分布	富山・駿河・相模湾、遠州灘
主産地	富山湾

標準和名：

ホッコクアカエビ

【北国赤蝦】

1月 2 3 4 5 6 7 8 9 10 11 12月

あまえび【甘蝦】

Ama-ebi

northern shrimp, pink shrimp

標準和名どおり澄んだ深紅の殻に、甘えび（北部北大西洋産のホンホッコクアカエビも甘えびとして輸入されている）の通称を裏切らない甘い身を包む。北の深い海（約1000mまで）に棲み、この小さな身体で11年も生きるのだから、さすが長寿を象徴するえびの一族だけのことはある。2〜4歳で雄として成長して雌と交尾し、その後はすべて雌に性転換する。

舌にしみるほど甘い身は、口に含んだ瞬間にほろっと溶けるようだ（写真は富山産）。エメラルド色にきらめく卵はしゃりっと嚙み心地よく、二つ合わさった味のなんと豊饒なこと。

地方名	あまえび、なんばんえび、あかえび、こしょうえびなど
分布	日本海、オホーツク海〜カナダ西岸
主産地	北海道、秋田・山形・新潟・富山・石川県など

［頭胸甲長（頭の部分の長さ）］
3.2cm（11歳）

しまえび【縞蝦】

1月 2 3 4 5 6 7 8 9 10 11 12月

標準和名：
モロトゲアカエビ
【両棘赤蝦】

Shima-ebi
morotoge shrimp

標準和名は、頭の先端に突き出た角（額角）の上下両方にたくさんの棘があり、体色が赤いことから。体側に紅白の縦縞が走るため「しまえび」と呼ばれることが多い。日本海沿岸で、同じ科のホッコクアカエビやトヤマエビと一緒に漁獲されるが、量は少ない。満3歳までは雄、のち雌に性転換するのも仲間の2種とよく似ている。

ちんまりと清楚な握り姿（写真は富山産）は、ワインレッドの尾、透明な黄褐色の卵が愛らしく、ぽつんと点る灯りのような温もりを感じさせる。食感はさくっと小気味よく、かすかに甘くひなびた味わいがどこか懐かしい。

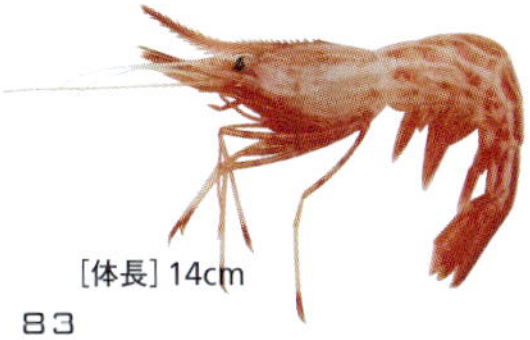

［体長］14cm

地方名	しまえび、きじえび、すじえび、くりえび、とりえび
分布	日本海、本州北部太平洋岸、北海道沿岸
主産地	日本海各地の沖、北海道

標準和名：
トヤマエビ
【富山蝦】

1月 2 3 4 5 6 7 8 9 10 11 12月

ぼたんえび【牡丹蝦】

Botan-ebi

coon stripe shrimp, humpback shrimp

標準和名は富山湾で多く獲れることから。一方の主産地の北海道、またすし店では「ぼたんえび」と呼ぶことが多い。近縁に標準和名「ボタンエビ」がいて、すし店ではこれも「ぼたんえび」だからややこしい。同じく近縁のホッコクアカエビ（甘えび）などと同様、成長過程で雄から雌へ性転換する。

　甘えびが普通2匹づけなのに対し、大きくて太いこのえびはどーんと1匹づけで、美しい濃緑の卵もたっぷり。弾力と量感のある身はもちもちと歯にからまり、甘さもねっとりと濃い。味は似ていながらこの豊満さ、これは甘えびのお姉さんといったところか。

地方名	ぼたんえび、おおえび、とらえび、か(が)すえび
分布	福井県以北、オホーツク海、ベーリング海
主産地	北海道(噴火湾、留萌沖、後志沖など)、富山湾など

[体長] 普通17cm

しゃこ

1月 2 3 4 5 6 7 8 9 10 11 12月

標準和名：
シャコ
蝦蛄

Shako

edible mantis shrimp, Japanese mantis shrimp

英名にもmantis＝カマキリとあるように、丸のままの姿は形も色もかなりグロテスクだから、食わず嫌いの人は多いだろう。しかしそんな見た目と味とに、これほど大きな落差があるすしダネも珍しい。

殻ごと塩茹でした薄紫の身（写真は瀬戸内海産）は、ふくよかな甘さのなかにくっきりと野性味を秘め、えび類とはまた違ったみっしりした肉質と、口に膨らむ食べごたえがすばらしい。カツブシと呼ばれる卵をいっぱい抱えたシャコや、獲物を捕まえる一対の捕脚の身を取り出した「しゃこづめ」も、通好みの味として知られる。

［全長］20cm

地方名	がさえび、しゃこえび、がたえび、しゃえび
分布	日本〜韓国・中国〜ベトナム
主産地	瀬戸内海、有明海、伊勢・三河湾、東京湾、石狩湾、陸奥湾

標準和名：
ズワイガニ
【楚蟹】

1月 2 3 4 5 6 7 8 9 10 11 12月

ずわいがに

Zuwaigani
queen crab, snow crab

それぞれの産地に由来する「越前がに」（福井県）あるいは「松葉がに」（山陰地方）の名で知られる。「ずわい（がに）」を含め、これらは大型の雄だけの呼び名で、雄の半分ほどの大きさの雌がには「こうばこ」「せいこ（せこ）」などと呼ぶ。

雌が大きくならないのは、成熟後は脱皮しないためという。

写真のずわいがに（北海道産）はむろん大型の雄。冬の海に鍛えられてみっしりと肥えた肉質はしなやかで歯切れよく、純白の繊維と繊維の間にはしっとりした甘さが隠れて、食後の舌にいつまでも快い余韻を響かせる。

地方名	えちぜんがに・まつばがに（雄）、こうばこ・せいこ（雌）など多数
分布	日本海、銚子沖～北アメリカ西岸
主産地	兵庫・鳥取・福井・石川・島根・新潟県、北海道

［甲幅］普通雄15cm、雌8cm

貝
Kai

標準和名：
クロアワビ
【黒鮑】

1月 2 3 4 5 6 7 8 9 10 11 12月

あわび（活け）

Awabi(Ike)
disk abalone

多くは冬が旬の貝類のなかで、クロアワビは夏を代表する味覚の一つ。

活けは、流水で洗ったほかは生そのまんま、新鮮そのもの。アラメやホンダワラなどの褐藻類を食べて海の恵みを一身に集め、たっぷりのグリコーゲンを含んだ身は、清冽な潮の香りをまとわせつつ、淡くしかも底深い甘さが舌にしみる。飾り包丁を入れた身はこりっとして、歯にしっくりなじむ噛み心地もすばらしい。清涼感と噛み心地、これこそクロアワビの命。

歯が欠けるほどかたい生あわびに出くわすが、あのかたさは持ちをよくするため、塩でゴリゴリ揉むからという。

地方名	おん、おがい、おんがい、くろ、くろがい、まがいなど
分布	茨城県以南、日本海全域、九州
主産地	長崎・千葉・山口・福岡・徳島・三重・愛媛・島根県など

あわび（蒸し）

Awabi(Mushi)

この味わい、活けに勝るか

酒と昆布だしで2〜3時間蒸した蒸し鮑（上）。むっちり厚切りの身に飾り包丁を入れ、肝をのせていただく。煮つめを塗る、塗らないはお好みで。蒸したからこその身の甘さ、舌でほどける肝のほろ苦さ。二つの味を同時に噛みしめるとき、海国ニッポンに住む喜びをしみじみと実感できる。

クロアワビより型が少し小さいエゾアワビ（殻長14㎝）は、クロアワビの北方型で食べごろは春。暖かい地方に移殖されるとクロアワビ型に変化するからおもしろい。

[殻長] 20cm

標準和名：

マダカアワビ

【真高鮑】

1月 2 3 4 5 6 7 8 9 10 11 12月

まだかあわび（蒸し）

Madaka-awabi(Mushi)

giant abalone

地方名の「またげえ」は〈背の高い貝〉の意の房総方言。giantと英名にあるとおり、アワビの仲間ではわが国最大、世界でも2番目に大きく、成長すれば重さ4kgに達する。しかし漁獲量は少なく、市場にもそう多くは流通していない。

　加熱するといっそう味がよくなることから、写真（神奈川県城ヶ島産）は89頁の蒸し鮑同様、丸のまま酒と昆布だしで2〜3時間ほど蒸してある。肝をのせた身はしゃきっと心地よい歯ごたえ。味は切れがあって簡潔、雑味はまったくない。潮で洗ったような、せいせいした後味もいい。

地方名	まだか、またげえ、また、あか、またがい、まて、めだかなど
分布	房総半島以南の太平洋側、日本海西部沿岸〜九州
主産地	千葉・静岡・神奈川・三重県など各地

［殻長］25cm

めがいあわび（蒸し）

1月 2 3 4 5 6 7 8 9 10 11 12月

標準和名：
メガイアワビ
【女貝鮑】

Megai-awabi(Mushi)
Siebold's abalone

地方名でクロアワビを「おん」、メガイアワビを「めん」と呼ぶ。これはかつて、クロアワビが雄、メガイアワビはその雌と考えられていたからだ。殻が平たくて丸いメガイアワビが雌に思えても、確かに不思議はなさそう。両種は別種で、それぞれ雌雄がある。

メガイアワビも蒸し鮑向き。だからマダカアワビと同じ手順を踏む（写真は長崎県産）。歯をそっと包み込むような噛み心地の身は、はんなりした甘さの奥に潮の香をわずかに含む。肝や煮つめとも引き立て合って、のどに流すのが惜しいほどだ。複雑かつ玄妙、これこそ舌を虜にする禁断の味か。

［殻長］20cm

地方名	めん、めがい、めんがい、あか、あかがい、めひらなど
分布	銚子以南の太平洋岸と男鹿半島以南の日本海沿岸、九州
主産地	千葉・静岡・三重県など各地

標準和名：
アカガイ
【赤貝】

1月 2 3 4 5 6 7 8 9 10 11 12月

あかがい（たま）

Akagai (Tama)
Broughton's arc shell

貝類の握りダネの最高峰にして、江戸前の高級すしダネの一つ。冬、特に春先の産卵を控えた2月〜3月が最高の食べごろ。潮っ気にほんのわずか血の気が混じった特有の香りを生かすため、酢で締めずに生のまま握るのが普通だ。一方であかがいの「好き」「嫌い」がはっきり二分されるのも、この香りがあればこそ。

　いわゆる「あかがい」は貝の足の部分。これを「たま」といい、外套膜の「ひも」と区別する。「たま」か「ひも」か、こちらも好みの分かれるところ。姿はもちろん、味も噛みごたえもまるで違い、これが同じ貝の身か、と

地方名	ほんだま、あかだま、ばくだんなど
分布	沿海州南部〜東シナ海、北海道南部〜九州
主産地	陸奥湾、仙台湾、伊勢・三河湾、瀬戸内海、有明海、朝鮮半島周辺

あかがい（ひも）

Akagai (Himo)

さえ思わせる。そんなワケだから、両方いっぺんに食べるのが一番です。

赤い血ゆえの独特の味

内海や湾内の浅い泥底に棲み、低酸素などの悪条件にも強い。数ある産地のうちでも閖上《ゆりあげ》（宮城県名取市の名取川河口に位置する地域）のものを最上とする。かつては東京湾でも良質のアカガイがよく獲れたという。

身が赤いのは、ヘモシアニン系血液を持つ普通の貝類と違って、哺乳類と同じヘモグロビン系の血液だから。アカガイ特有のかすかな金っ気は、このヘモグロビン系血液のためだ。

［殻高］9cm

標準和名：
トリガイ
【鳥貝】

1月 2 3 4 5 6 7 8 9 10 11 12月

とりがい（活け）

Torigai(Ike)
Japanese egg cockle

左右とも殻が膨らんで全体にコロンと丸く、殻頂（殻の頂点）から腹縁に向けて40本ほどの放射状の筋（肋《ろく》という）が走るなど、殻の色は別として形はアカガイに似ている。ただアカガイとは逆に低酸素状態に弱く、時に大量死することがある。一方で突然大発生する年もあったりで、入荷も値段もなかなか一定しない。

かつて東京湾では、良質のトリガイがたくさん獲れた。大型のものでは足（食用部分）の厚さが1・5㎝もあったといい、形と味のよさで知られた。湾内の浅瀬のほとんどが埋め立てられてしまって、残念ながら今は昔の話。

地方名	おとこがい、きぬがい、とりげ、きっねがい、ちゃわんがいなど
分布	陸奥湾〜九州、朝鮮半島、中国沿岸
主産地	東京湾、伊勢・三河湾、瀬戸内海、有明海、京都府、島根県など

とりがい（蒸し）

Torigai(Mushi)

活けならつゆ気、蒸しなら甘さ

築地市場に入荷するトリガイでは、現在は愛知県産（写真2点とも）が最良という。特に4月～5月は身が大きく厚く、甘さが増して歯ごたえもよい。

半透明の淡い茶紫色に清涼感があふれる活けはつややかで、尖った足先にまで張りがある。やわらかい身を噛みしめれば、端麗な甘さとたっぷり含んだ独特のつゆ気がさわやかだ。

活き貝に塩を振ってさっとボイルした蒸し。歯にそっとあらがうやさしい歯ごたえと、のどにまでしみる、くせのない上品な甘さに驚かされる。

［殻長］9cm ［殻高］9cm

標準和名：
バカガイ
【馬鹿貝】

あおやぎ【青柳】

Aoyagi
Chinese surf clam

水揚げされると殻がきちんと閉まらず、足をだらしなくべろんと出しているシマらない様子から、つけられた名がバカガイ。だけれど、古くは雅びにミナトガイと呼ばれていたのだから、ご当人（?）としては今の名前は、決して本意ではないだろう。でも、そんな名前だからとバカにされることもなく、むしろ庶民的なすしダネとしてとても人気がある。

親しみを感じさせる味、歯切れ

先端を、ニワトリの尾のようにピンと立てた姿が愛らしい青柳（写真は千葉県産）は、足を握る。さくさくした

地方名	あおやぎ、桜貝、姫貝、こばしら（貝柱）など
分布	サハリン、オホーツク海〜九州、中国大陸沿岸
主産地	東京湾、伊勢・三河湾、瀬戸内海、有明海、北海道など

こばしら【小柱】

Kobashira

歯切れのよさとさっぱりした甘さ、豊かな潮の香りが身上だ。

軍艦に握る小柱（同北海道産）は貝柱のこと。貝柱は1個の貝に大小二つついており、写真の小柱は、小柱といいながら大きな柱だけを使っている。むっちり弾むような身は青柳に負けずさくっと歯切れよく、甘さはあっさりと若々しい。

すしダネとしてバカガイより通りがいい青柳の名は、かつて名産地だった上総青柳村（現千葉県市原市）から。また地方名に挙げた「あおやぎ」はむき身、桜貝は身を丸ごと干したもの、姫貝は足を干したものをいう。

[殻長]8.5cm [殻高]6.5cm

煮はま【煮蛤】

標準和名：
チョウセンハマグリ
【朝鮮蛤】

1月 2 3 4 5 6 7 8 9 10 11 12月

Nihama
hard clam

かつて潮干狩りなどでもよく獲れた江戸前（東京湾産）のハマグリは、今やほぼ絶滅状態。代わって多く流通しているのがチョウセンハマグリだ。なかでも鹿島灘産（写真）や九十九里浜産は「鹿島もの」「地はま」と呼ばれて珍重され、市場価格が1個500円することも珍しくない。

煮はまは煮あなごと並んで、江戸前の古典ダネ「煮もの」の代表。生きた身をさっと茹でて煮つめを塗る。ほおばれば身はよく締まってしかもやわらかく、量感もたっぷりあって、贅沢なおやつのよう。これぞ江戸伝来のファストフード、と納得させられる。

[殻長] 10cm
[殻高] 7cm

地方名	かしまはまぐり、ごいしはまぐり、ひゅうがはまぐりなど
分布	鹿島灘以南、台湾、フィリピン
主産地	鹿島灘、九十九里浜、宮崎県、遠州灘など

ほたて

1月 2 3 4 5 6 7 8 9 10 11 12月

標準和名：
ホタテガイ
【帆立貝】

Hotate
Yezo scallop

流通している大部分が養殖ものだから、なかには「握り甲斐がない」と敬遠するすし店もある。だが、どうしてどうして。ぽってりと厚く、たっぷり汁気を含んだ身（貝柱）は甘くやわらかく、しかも貝類に多い潮臭さもない。そんな味と食感が、子どもからお年寄り、生ものが苦手の人にも好まれている。貝柱の重量やグリコーゲンの量は春から夏に向かって増え、ピークの6月~8月ごろが一番の食べどきだ。

写真は、数少ない北海道産の天然もの。さくっと歯切れよく、上品な甘さがゆったりふんわり広がって、まるで高級なスイーツを思わせて楽しい。

［殻高］
4年12cm（天然）
2年11cm（養殖）

地方名	ほたて、あきたがい、いたらがいなど
分布	富山・千葉県以北、千島列島～朝鮮半島北部
主産地	北海道、青森県

標準和名：
タイラギ
【玉珧】

1月 2 3 4 5 6 7 8 9 10 11 12月

たいらがい【平貝】

Tairagai

殻の長さが30cmにもなる、三角形の大きな二枚貝。海中では細く尖った殻頂（殻の先端）を下に、逆立ちしたような形で半身を海底に埋めている。一つ一つ潜り漁で獲るが、掘り出されると二度と砂に潜れないという。

　一般に食用とされるのは大きな貝柱のみ。張りのある半透明の身はみずみずしく、肌色は真珠の輝きを思わせてつややかだ。ほたてに比べて甘さはわずかに劣るものの、しゃきっとした歯切れのよさは格段に勝る。そして、糸を引くかのような潮の香り。

　写真は本場・岡山県瀬戸内海産。以前は東京湾にも大きな漁場があった。

地方名	たいらがい、たちがい、ひらんぼ（ぽ）、えぼしがいなど
分布	北海道南部以南、インド・西太平洋
主産地	有明海、瀬戸内海、伊勢・三河湾など

［殻高］23cm

ほっきがい【北寄貝】

標準和名：ウバガイ【姥貝】

1月 2 3 4 5 6 7 8 9 10 11 12月

＊流通はほぼ周年

Hokkigai

ほんのり赤みを帯びてつややかな、薄い紫のグラデーション。冷たい北の海（写真は北海道長万部産）で育まれたこの姿は、姥（老女）というより、平安朝の絵巻物に描かれた若い貴婦人を連想させる。つるんとした舌ざわり。噛めばさくっと歯切れよく、甘くみずみずしく、潮の香も初々しい。

漁場によって漁期が異なり、一般的にはグリコーゲンの含有量が増える冬を旬とする。寿命は長く30年以上。姥貝の名はここから生まれたともいう。殻が黒色化したものは「黒ぼっき」と呼ばれ、殻の割に身が大きく、高値で取引される。

［殻長］10cm
［殻高］8cm

地方名	ほっきがい、ほっき
分布	鹿島灘〜北海道、朝鮮半島北部〜千島列島
主産地	北海道、福島・青森・茨城・宮城県

標準和名：
ミルクイ
【海松喰】

1月 2 3 4 5 6 7 8 9 10 11 12月

本みるがい【本海松貝】

Hon-mirugai

ヘンな標準和名は、海松《みる》（海藻の一種）が付着した太くて長い水管（この部分を食用とする）を殻に引っ込めるとき、海松を食べているように見えることから。海底の砂泥に深く潜っており、漁師は潜水して高圧水で周辺の砂泥を吹き飛ばして掘る。今では資源が減って、代替品として登場した白みる貝（ナミガイ）が多く流通している。

写真は千葉県富津産の本みる貝。特筆もののしっかりした歯ごたえと深い甘さ、口にあふれるほどの磯くささがすばらしい。だが、この強い香りを嫌う人も少なくない。好き嫌いを二分する、くせのあるすしダネといえる。

地方名	みるがい、ほんみる、おおがい、みる、おのかい、からすがいなど
分布	北海道〜九州、朝鮮半島
主産地	瀬戸内海、東京湾、有明海、伊勢・三河湾など

［殻長］14cm
［殻高］9cm

つぶがい

標準和名：
ヒメエゾボラ
【姫蝦夷法螺】

1 2 3 4 5 6 7 8 9 10 11 12
月　　　　　　　　　　　　月
＊漁期・流通は周年

Tsubugai
arthritic neptune

ごつごつと肩肘の張った堅い殻は、太い武骨な紡錘形。その殻にこれだけ繊細な身が隠れているのは、まさに海のシンデレラ＝灰かむり姫といったところ。函館や札幌の街角で、丸ごとあるいは身だけを串に刺して醤油で焼く「つぶ焼き」の匂いに、鼻をひくひくさせたことのある人も多いだろう。

噛むさえ楽しいこりこりの身はうっすら甘く、やがてかすかな磯の香りが鼻孔をかすめて逃げてゆく。野卑なところは微塵もなく、さすが「姫」の名に恥じない。ちなみに「つぶ」と称される巻貝は多く、つぶ焼きにはいろいろな種類が使われているようだ。

[殻高] 10cm

地方名	まつぶ、ねむりつぶ、あおつぶ、つぶなど
分布	富山湾・東京湾以北、朝鮮半島、沿海州
主産地	北海道、三陸、常磐

標準和名：
エッチュウバイ
【越中蛽】

1 2 3 4 5 6 7 8 9 10 11 12
月 月

ばいがい【蛽貝】

Baigai
finely-striated buccinum

「くっきりした縞のある巻貝」の意の英名どおり、数ある「つぶ貝」「ばい貝」のなかでも、殻のくびれ具合の深さ・明瞭さは抜きん出ている。ついでにいえば、螺塔（螺旋状に巻いた殻の先端）も鋭く尖って高い。

日本海の水深２００～５００ｍの砂泥底に棲み、獲れたら市場に入荷する（入荷は周年）という風だけれど、旬は厳寒のころ。

身は弾力に富んで、軽く噛んだくらいでは歯がはじかれそうだ。まるで弾むようなのに、歯切れはいい。淡泊で飾り気のない味を引き立てるために、身は昆布だしでさっと煮てある。

地方名	しろばい、ばい、ばいがい、あかばい、かたばい、ちゅうばいなど
分布	日本海中部の深海域
主産地	石川・富山・新潟・兵庫・秋田県など

[殻高] 12cm

いわがき

1月 2 3 4 5 6 7 8 9 10 11 12月

標準和名：イワガキ【岩牡蠣】

Iwagaki

マガキと異なり、流通しているイワガキの多くは天然ものだ。産卵期が7月～10月とマガキに比べて遅いため夏痩せせず、グリコーゲン含有量は5月をピークに3月～7月が高い。つまりイワガキは、マガキの旬外れの夏が食べごろ、だから夏がきと呼ばれる。

殻は大きく、成長すれば重さも1kgを超えるけれど、身は意外に小さい。とはいえこのもっちりした重量感はどうだろう。ぴしっと締まって天然の塩味もさわやかに、鮮烈無比の潮の香りが舌に舞い立つ。海のミルクの名に恥じないクリーミーな味の豊かさ。日本の夏の海の粋を一身に凝縮した一品。

［殻高］
20cm 以上

地方名	なつがき、くつがき、そこか（が）きなど
分布	陸奥湾～九州
主産地	本州の日本海沿岸、本州から九州までの太平洋沿岸各地

標準和名:
サザエ
【栄螺】

1月 2 3 4 5 6 7 8 9 10 11 12月

さざえ

Sazae
horned turban

写真は静岡県伊豆産の活きサザエを生のまま握ったもの。ご覧のとおり見た目はよくないし、歯ごたえもほとんど「かたい」といっていいくらいだ。しかし姿からするほど磯の香はきつくなく、何よりも、食べてしばらく後に忍び寄ってくる、淡くやさしい甘さがいい。波に揉まれながらこんなに上品な味を育むなんて、感動ものです。

ところでサザエには、殻にとんがった角をニョキニョキ生やしたものと、角がなくて「角なし」「丸腰」と呼ばれるものがある。波が荒い外界では角が出るが、波が穏やかだと角は出ないといい、味には特に変わりはない。

地方名	あまさざい、けんさざえ、さざい、さぜ(—)、さんざえ、つのさざいなど
分布	北海道南部〜九州、朝鮮半島
主産地	長崎・山口・三重・新潟・石川・愛媛・島根県など

[殻高] 12cm

魚卵など
Gyoran

標準和名：
ニシン
【鰊】

1月 2 3 4 5 6 7 8 9 10 11 12月

かずのこ【数の子】

Kazunoko
[herring roe]Pacific herring

昔、子どもたちが「かっちゃん数の子ニシンの子」と囃したように、数の子はいうまでもなくニシンの子、ニシン（鯡・春告魚・青魚とも）の卵巣卵だ。ニシンといえば北海道、だったが、現在は道産はほとんど鮮魚として消費され、数の子を含む加工原料には輸入ニシンが使われている。

　写真の数の子はその北海道産ニシンの、しかも貴重な原卵（腹から取り出して、塩漬けしただけの卵）を握った逸品。小さな粒はしっかりくっつき合って弾力があり、歯ごたえがまたすばらしい。＊「旬」表示を含め、データはすべてニシン。

地方名	かど、かどいわし、はなじろ（にしん）、はなぐろ（にしん）
分布	犬吠埼以北、渤海～カリフォルニア半島（北部北太平洋）
主産地	北海道

［尾叉長（体の前端から尾びれの切り込みまでの長さ）］35cm

いくら

1月 2 3 4 5 6 7 8 9 10 11 12月

標準和名：
サケ
【鮭】

Ikura
[salmon roe]chum salmon

　秋、故郷に帰ってきたサケが抱える卵は、産卵が間近になるほど大きく、皮もかたくなって食用には適さない。そこでいくら用には、おもに沿岸の定置網で獲れたサケの、まだ皮がやわらかい卵を使う。

　写真（北海道産）のいくらは、粒の大きさほどよく歯ざわりはねっとり、脂と塩気のバランスがいい。生気に満ちた甘さに「もう一つ」と後を引く。

　かつていくらには完熟の卵巣卵、筋子には未熟な卵巣を用いたが、現在では卵巣をほぐせばいくら、ほぐさなければ筋子と呼ぶようだ。＊「旬」表示を含め、データはすべてサケ。

［尾叉長］80cm

地方名	あきさけ、あきあじ、しろざ（さ）け、めじかなど
分布	利根川・山口県以北、北部北太平洋
主産地	北海道、岩手・宮城・青森・秋田・富山・新潟・福島県

標準和名：
エゾバフンウニ
【蝦夷馬糞海胆】

1月 2 3 4 5 6 7 8 9 10 11 12月

ばふんうに

Bafun-uni
intermediate sea urchin, short-spined sea urchin

箱入りで市場に流通するうには、形や色を保つためにたいていの場合明《みょう》礬《ばん》で処理されているから、わずかとはいえ特有の苦さが口に残る。

写真（北海道枝幸《えさし》産）は生そのままの塩水うに。鮮やかな黄色、ぷっくりふくらんだ鮮度のよさ、そして粒子の細かいねっとり感と、うにの3条件をすべて満たしている。口の中で形のままにとろけるひと房ひと房は、北の海の恵みを凝縮してふっくらと甘い。

うには海栗、また雲丹とも書き、雌雄を問わずその生殖巣を食用とする。日本で食べられているのはエゾバフンウニとキタムラサキウニがメインだ。

[殻径] 10cm

地方名	ばふんうに、がぜ、がんぜ、あか
分布	福島・山形県以北、朝鮮半島～択捉島
主産地	北海道、青森・岩手・宮城県

むらさきうに

1月 2 3 4 5 6 7 8 9 10 11 12月

標準和名：キタムラサキウニ【北紫海胆】

Murasaki-uni
naked sea urchin, northern sea urchin

前頁のエゾバフンウニと同じ冷水系のうに。似たような場所に生息するエゾよりも殻は少し大きく、棘も長い。

生そのままの塩水うに（写真は北海道産）をエゾと比べると、色は淡い褐色に近く、粒（食用とする生殖巣のひと房。うに1個に5房）はやや大きく、形もしっかりしている。

ねっとり感や甘さは、エゾに半歩譲るかもしれない。それらがいっぺんに華やかに広がるエゾに比べて、いわば地味なのだ。しかし食べているうち、うに特有の複雑な快味が強く、じんわりと湧き上がってくる。この大人っぽい食味こそ、エゾも及ばないところ。

[殻径] 10cm

地方名	むらさきうに、のな、しろ
分布	北海道えりも岬～相模湾、日本海側はサハリン南部～朝鮮半島、北海道～対馬
主産地	北海道、青森・岩手・宮城県

標準和名：
マアナゴ
【真穴子】

1月 2 3 4 5 6 7 8 9 10 11 12月

あなご

Anago
common Japanese conger, whitespotted conger

すし職人がこだわるタネの一つ。煮あなごに煮つめを塗る（上写真右）のが一般的だが、煮つめを塗らず塩だけをハラッと振る場合（同左）もある。すし全体のバランスを選ぶなら煮つめ、あなごそのものの甘さを好むなら塩がおすすめ。でも良質のあなご（写真は長崎県対馬産の選り抜き）ならどちらで食べても、口に入れた瞬間にはらはらと溶ける、ふっくらやさしい食感は変わらない。梅雨から盛夏にかけて、しっかり脂がのってくる。なお地方名の「はかりめ」は「秤目《はかりめ》」、つまり一列に並んだ側線の孔を、棹秤の目盛りに見立てたところから。

地方名	ほんあなご、あなご、はかりめ、めじろ、はも／のれそれ（仔魚）
分布	日本各地〜黄・渤海、東シナ海
主産地	宮城・愛知・長崎県、瀬戸内海、東京湾、常磐沖など

［体長］1m

氷頭なます

1月 2 3 4 5 6 7 8 9 10 11 12月

標準和名：
サケ
【鮭】

Hizu-namasu

[salmon head]chum salmon

春から初夏のころ、三陸沖から北海道の太平洋岸にかけて獲れるサケをときざけ、またときしらずという（あきさけ、あるいはあきあじと呼ばれるのは、秋に沿岸で獲れるサケ）。その地域で冬を越して秋の産卵に備えているため、身にたっぷりと脂がのっているのが特徴だ。

写真は、甘酢にじっくり漬けた北海道産のときざけの氷頭《ひず》（頭の軟骨。透明でやわらかい）を、鱠《なます》に切って軍艦に巻いたもの。独特の歯ざわりと、さらっとした酸味に包まれたほのかな甘さがいい。長く置くと脂が出て生臭くなるから、さっさと食べよう。

［尾叉長］80cm 以下

地方名	ときしらず、ときざけ、とき、おおすけ
分布	利根川・山口県以北、北部北太平洋
主産地	（ときしらずの産地として）三陸から北海道の太平洋沿岸

標準和名：
シラウオ
【白魚】

1月 2 3 4 5 6 7 8 9 10 11 12月

しらうお

Shira-uo
Japanese icefish, Shirauo icefish

月も朧《おぼろ》に白魚の篝《かがり》も霞む春の空—と歌舞伎の名せりふにあるように、シラウオは春の代名詞、そして隅田川河口周辺などを産地に、江戸前の代表的なすしダネだった。生で食べるようになったのは比較的最近のこと（写真は宍道湖産）。それにしても、芭蕉が「白魚やその白きこと一寸」と称えた、この美しさはどうだろう。黒い瞳をつぶらに張って愛らしく、身はわずかに潮の香を含んで甘い。姿といい味といい、これぞ「握りのアート」か。

　躍り食いで知られるシロウオとよく間違われるけれど、シラウオはシラウオ科、シロウオはハゼ科の魚です。

[体長] 10cm

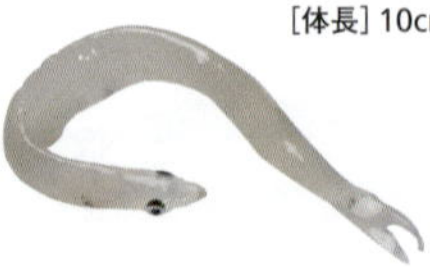

地方名	あまさぎ、しらす、しろい（う）お、しらゆ（お）など
分布	日本、サハリン〜朝鮮半島
主産地	小川原湖、十三湖、霞ヶ浦、宍道湖、八郎潟

旬カレンダー
“Shun”Calendar

名称	ページ	旬(月)
あいなめ	▶P29	4–6
あおやぎ	▶P96	2–5, 12
あおりいか	▶P72	3–6
あかいか	▶P68	6–9
あかがい	▶P92	2–5★, 10–12
あじ	▶P16	5–8
あなご	▶P112	5–7
あまえび	▶P82	1–4, 11–12
あわび(くろあわび)	▶P88	5–8
あわび(まだかあわび)	▶P90	4–8
あわび(めがいあわび)	▶P91	5–8
いか(あおりいか)	▶P72	3–6
いか(あかいか)	▶P68	6–9
いか(しろいか)	▶P69	1–5
いか(新いか)	▶P71	8
いか(すみいか)	▶P70	1–4, 11–12
いか(するめいか)	▶P74	1–5
いか(ほたるいか)	▶P75	3–5★
いか(やりいか)	▶P73	1–5, 12
いくら	▶P109	9–11
いさき	▶P43	6–8★

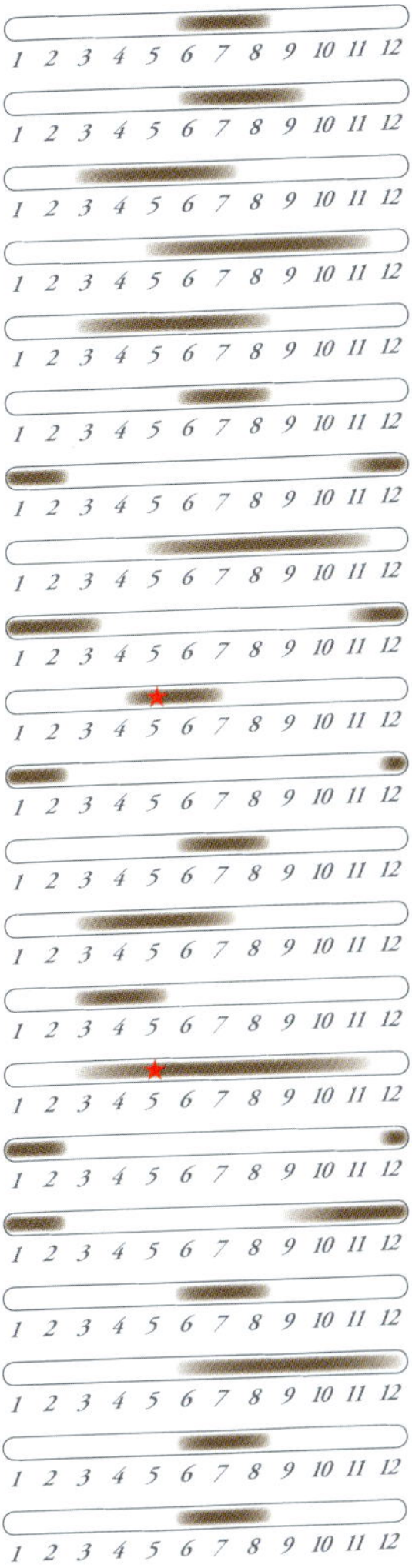

名称	ページ	旬（月）
きんめだい	▶P41	1, 2, 3, 11, 12
くるまえび	▶P80	6, 7, 8, 9, 10, 11
くろあわび	▶P88	6, 7, 8
くろだい	▶P45	9, 10, 11
くろまぐろ（本まぐろ）	▶P56	1, 2, 3
こはだ	▶P14	8, 9, 10
さけ	▶P113	5, 6, 7
さざえ	▶P106	4, 5, 6
さば	▶P18	1
さより	▶P21	3, 4, 5
さんま	▶P20	9, 10, 11
しまあじ	▶P40	5, 6, 7
しまえび	▶P83	3, 4, 5, 6, 7
しゃこ	▶P85	7, 8, 9, 10
しらうお	▶P114	2, 3, 4
しろいか	▶P69	1, 2, 3, 4, 5
しろえび	▶P81	5
新いか	▶P71	7
しんこ	▶P15	6, 7
すずき	▶P28	5, 6, 7
すみいか	▶P70	1, 2, 3, 4, 5, 6, 7, 8, 9, 10, 11, 12

118

種類	ページ	旬(月)
ぼたんえび	▶P84	1–12
ほっきがい	▶P101	1–4, 10–12
本みるがい	▶P102	1–4, 11–12
まぐろ(本まぐろ)	▶P56	1–3, 9–12
まぐろ(みなみまぐろ)	▶P62	1–12
まこがれい	▶P52	5–8
まごち	▶P31	5–8
まだい	▶P24	1–3, 10–12
まだかあわび	▶P90	5–8
みずだこ	▶P77	1–12
みなみまぐろ	▶P62	1–12
みるがい(本みるがい)	▶P102	1–4, 11–12
むつ	▶P34	1–3
むらさきうに	▶P111	5–8
めがいあわび	▶P91	5–8
めじな	▶P46	1–2
めばる	▶P47	3–7
やりいか	▶P73	1–12

全国の主な漁港と
地魚マップ
“Jizakana”Map

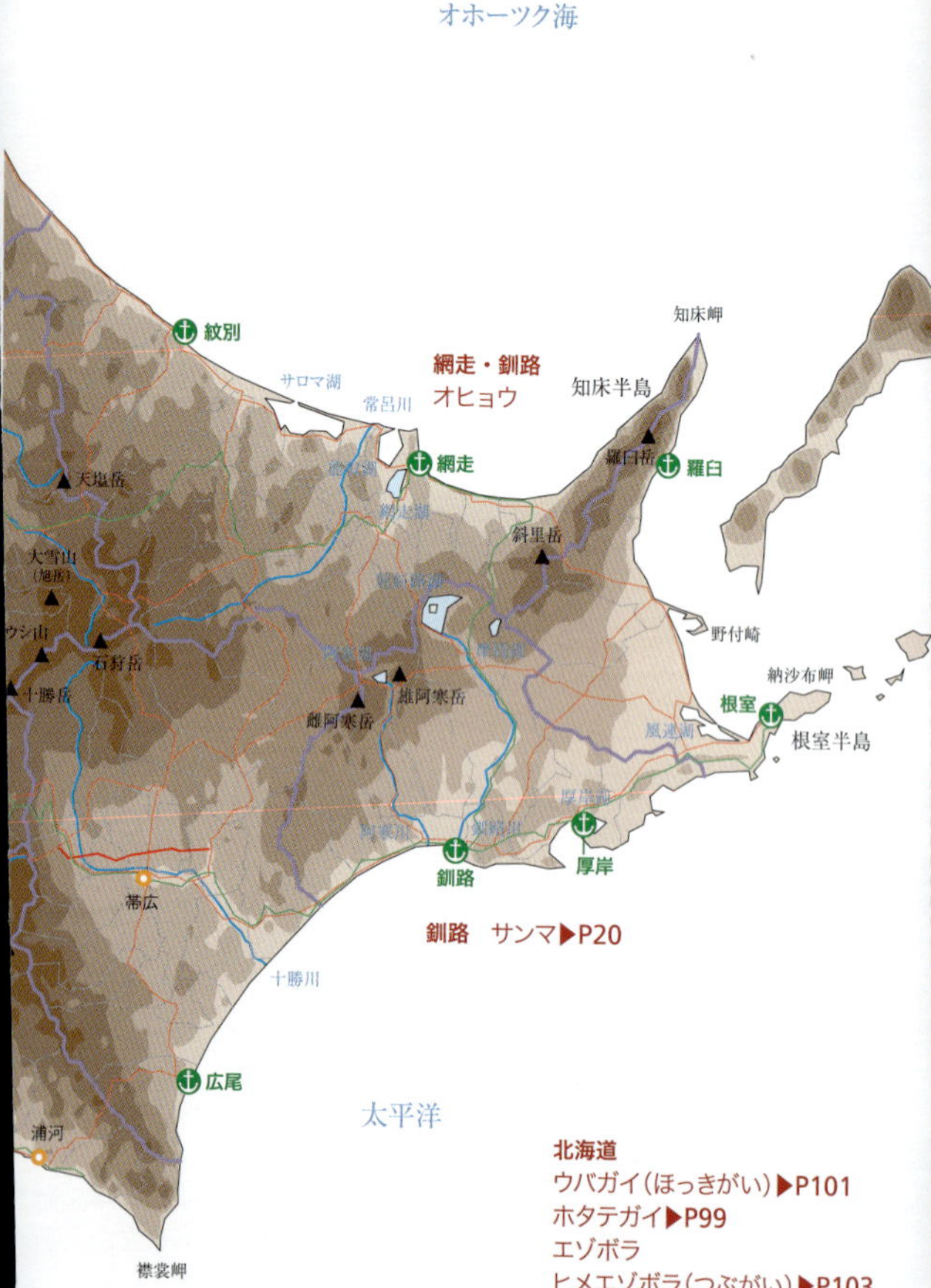
オホーツク海
紋別
サロマ湖
常呂川
網走・釧路
オヒョウ
知床岬
知床半島
網走
羅臼岳
羅臼
天塩岳
網走湖
斜里岳
大雪山
(旭岳)
屈斜路湖
野付崎
石狩岳
摩周湖
十勝岳
雄阿寒岳
雌阿寒岳
納沙布岬
根室
根室半島
風連湖
厚岸湖
阿寒川
釧路川
厚岸
釧路
帯広
釧路　サンマ▶P20
十勝川
広尾
太平洋
浦河
襟裳岬

北海道
ウバガイ(ほっきがい)▶P101
ホタテガイ▶P99
エゾボラ
ヒメエゾボラ(つぶがい)▶P103
ホッケ
ミズダコ▶P77
トヤマエビ(ぼたんえび)▶P84
タラバガニ
エゾバフンウニ▶P110
キタムラサキウニ▶P111

●北海道

宗谷岬
野寒布岬
稚内
礼文島
利尻山
利尻島
天塩川
日本海
留萌　かずのこ▶P108
留萌
旭川
石狩湾
積丹岬
神威岬
小樽　トクビレ
小樽
石狩川
積丹半島
岩見沢
札幌
夕張岳
倶知安
尻別川
羊蹄山
鵡川
沙流川
内浦湾
室蘭
鵡川　シシャモ（オス）
シシャモ卵
奥尻島
渡島半島
駒ヶ岳
亀田半島
江差
函館
恵山岬
函館
函館　キチジ・マダラ
大間崎
松前半島
尻屋崎
津軽海峡
白神岬
下北半島

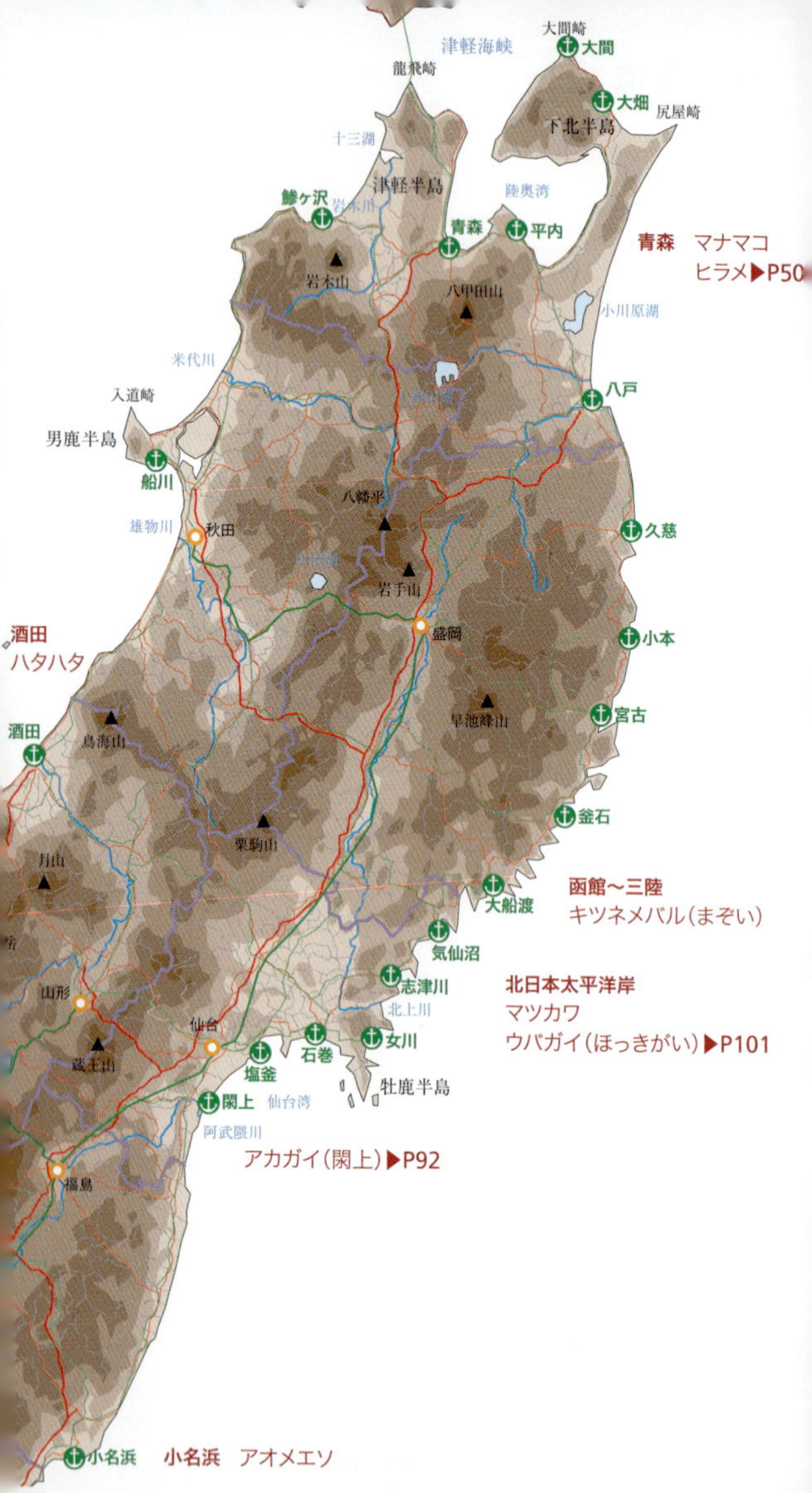
津軽海峡
大間崎
大間
龍飛崎
大畑
尻屋崎
下北半島
十三湖
津軽半島
陸奥湾
鰺ケ沢
岩木川
青森
平内
青森　マナマコ
ヒラメ▶P50
岩木山
八甲田山
小川原湖
米代川
八戸
入道崎
男鹿半島
船川
八幡平
雄物川
秋田
久慈
岩手山
盛岡
酒田
ハタハタ
小本
早池峰山
宮古
酒田
鳥海山
釜石
栗駒山
月山
函館～三陸
キツネメバル（まぞい）
大船渡
気仙沼
北日本太平洋岸
志津川
マツカワ
山形
北上川
ウバガイ（ほっきがい）▶P101
仙台
石巻
女川
蔵王山
塩釜
牡鹿半島
閖上
仙台湾
阿武隈川
アカガイ（閖上）▶P92
福島
小名浜
小名浜　アオメエソ

◉東北・新潟

日本海
日本海
ホッコクアカエビ（あまえび）▶P82
北日本・富山
トヤマエビ（ぼたんえび）▶P84
弾崎
佐渡島
禄剛崎
登半島
由良
念珠関
岩船
信濃川
阿賀野川
新潟
飯豊山
出雲崎
浦本
能生
富山湾
磐梯山
白馬岳
妙高山
立山
長野
北アルプス
燧ヶ岳
谷川岳
那須岳
穂高岳
槍ヶ岳
白根山
男体山
浅間山
乗鞍岳
前橋

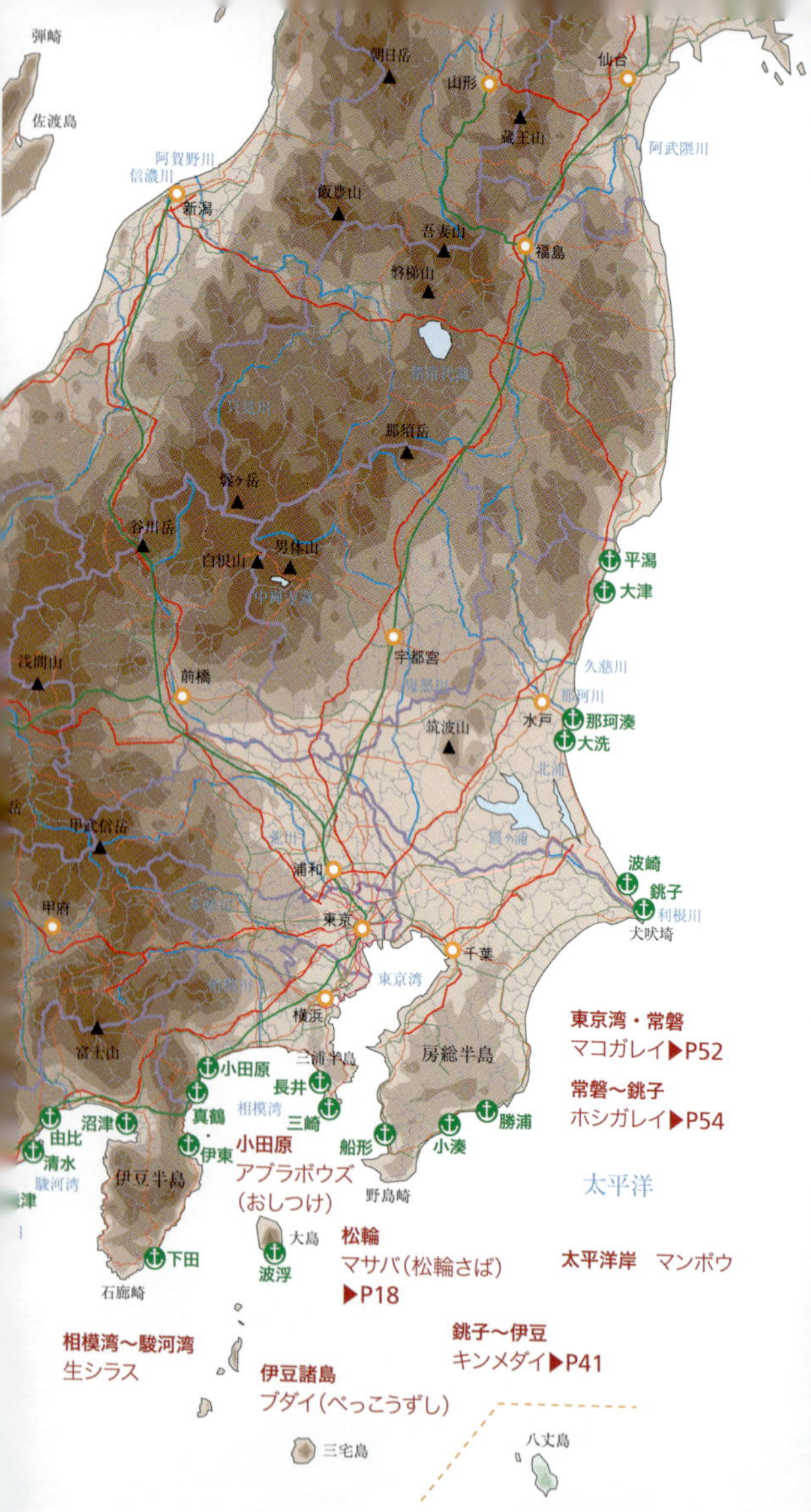
弾崎
佐渡島
朝日岳
山形
仙台
蔵王山
阿武隈川
阿賀野川
信濃川
新潟
飯豊山
吾妻山
福島
磐梯山
那須岳
燧ヶ岳
谷川岳
男体山
白根山
平潟
大津
宇都宮
久慈川
那珂川
浅間山
前橋
水戸
那珂湊
大洗
筑波山
北浦
甲武信岳
浦和
波崎
銚子
利根川
犬吠埼
甲府
東京
千葉
東京湾
横浜
東京湾・常磐
マコガレイ▶P52
富士山
小田原
三浦半島
房総半島
常磐〜銚子
ホシガレイ▶P54
長井
相模湾
三崎
真鶴
勝浦
沼津
由比
伊東
船形
小湊
清水
小田原
アブラボウズ
（おしつけ）
太平洋
駿河湾
伊豆半島
野島崎
大島
松輪
マサバ（松輪さば）
▶P18
下田
波浮
太平洋岸　マンボウ
石廊崎
相模湾〜駿河湾
生シラス
銚子〜伊豆
キンメダイ▶P41
伊豆諸島
ブダイ（べっこうずし）
三宅島
八丈島

◉関東・東海・北陸

日本海
禄剛崎
輪島
小木
能登半島
宇出津
七尾
氷見
富山湾
魚津
新湊
富山
妙高山
白馬岳
長野
立山
北アルプス
金沢
槍ヶ岳
穂高岳
三国
九頭竜川
白山
乗鞍岳
福井
越前岬
越前
御嶽山
木曽駒ヶ岳
経ヶ岬
若狭湾
敦賀
北岳
南アルプス
小浜
伊吹山
岐阜
赤石岳
琵琶湖
名古屋
京都
大津
白子
伊勢湾
豊浜
知多半島
津
大阪
奈良
舞阪
天竜川
御前
宮川
三谷
形原
東幡豆
志摩半島
安乗
大王崎
和具
大台ヶ原山
和歌山
八剣山
奈屋浦
紀伊長島
紀伊半島

新潟〜長崎
アカアマダイ

新潟・富山・石川
アカムツ（のどぐろ）▶P33

北陸〜山陰
エッチュウバイ（ばいがい）▶P104
オオエッチュウバイ
カガバイ
ブリ▶P36

金沢
コウバコガニ（ズワイガニのメス）
の内子と外子

能登
マナマコ

富山
シラエビ（しろえび）▶P81
ホタルイカ▶P75
サクラマス

由比　サクラエビ

伊豆〜紀伊半島
サンマ▶P20

金沢
九頭竜川
白山
福井
越前岬
経ヶ岬
若狭湾
鳥取
網代
浜坂
香住
網野
久美浜
丹後半島
宮津
舞鶴
氷ノ山
伊吹山
岐阜
琵琶湖
名古屋
京都
大津
伊勢湾
津
知多半島
神戸
揖保川
加古川
日生
播磨
林崎
淀川
大阪
奈良
明石海峡
播磨灘
育波
大阪湾
宮川
小豆島
志摩半島
引田
粟田
淡路島
由良
和歌山
紀ノ川
大台ヶ原山
八剣山
尾鷲
吉野川
徳島
小松島
湯浅中央
那賀川
比井崎
紀伊半島
橘
日ノ御埼
紀伊水道
田辺
熊野川
宍喰
甲浦
勝浦
串本
潮岬
太平洋

本州日本海沿岸
イワガキ▶P105

瀬戸内海(兵庫県)
マダコ(生)▶P76
瀬戸内海(明石・鳴門など)
マダイ▶P24

高知
のれそれ(マアナゴの仔魚)
ドロメ(イワシ類の仔稚魚)

●関西・中国・四国

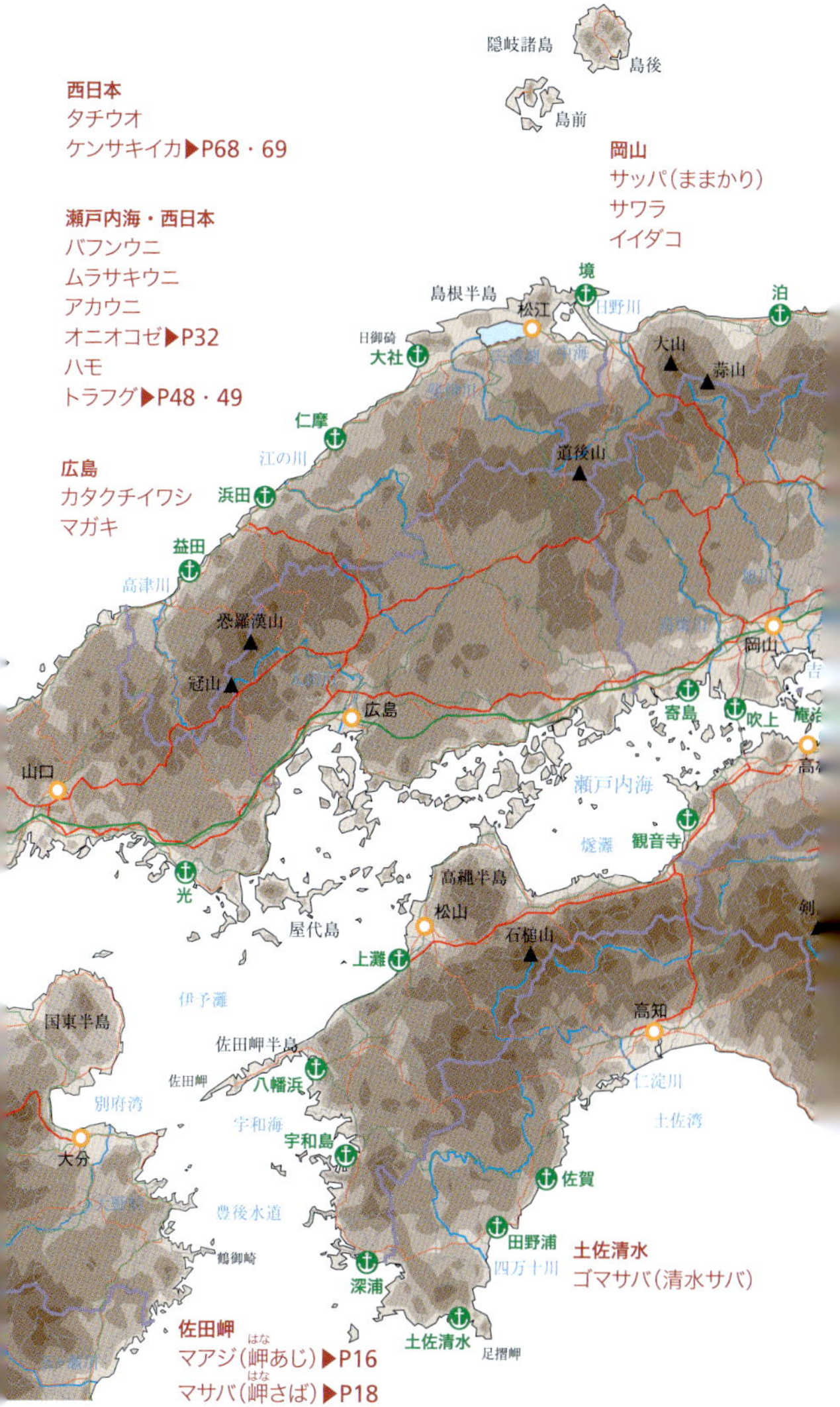

西日本
タチウオ
ケンサキイカ▶P68・69

瀬戸内海・西日本
バフンウニ
ムラサキウニ
アカウニ
オニオコゼ▶P32
ハモ
トラフグ▶P48・49

広島
カタクチイワシ
マガキ

岡山
サッパ(ままかり)
サワラ
イイダコ

土佐清水
ゴマサバ(清水サバ)

佐田岬
マアジ(岬《はな》あじ)▶P16
マサバ(岬《はな》さば)▶P18

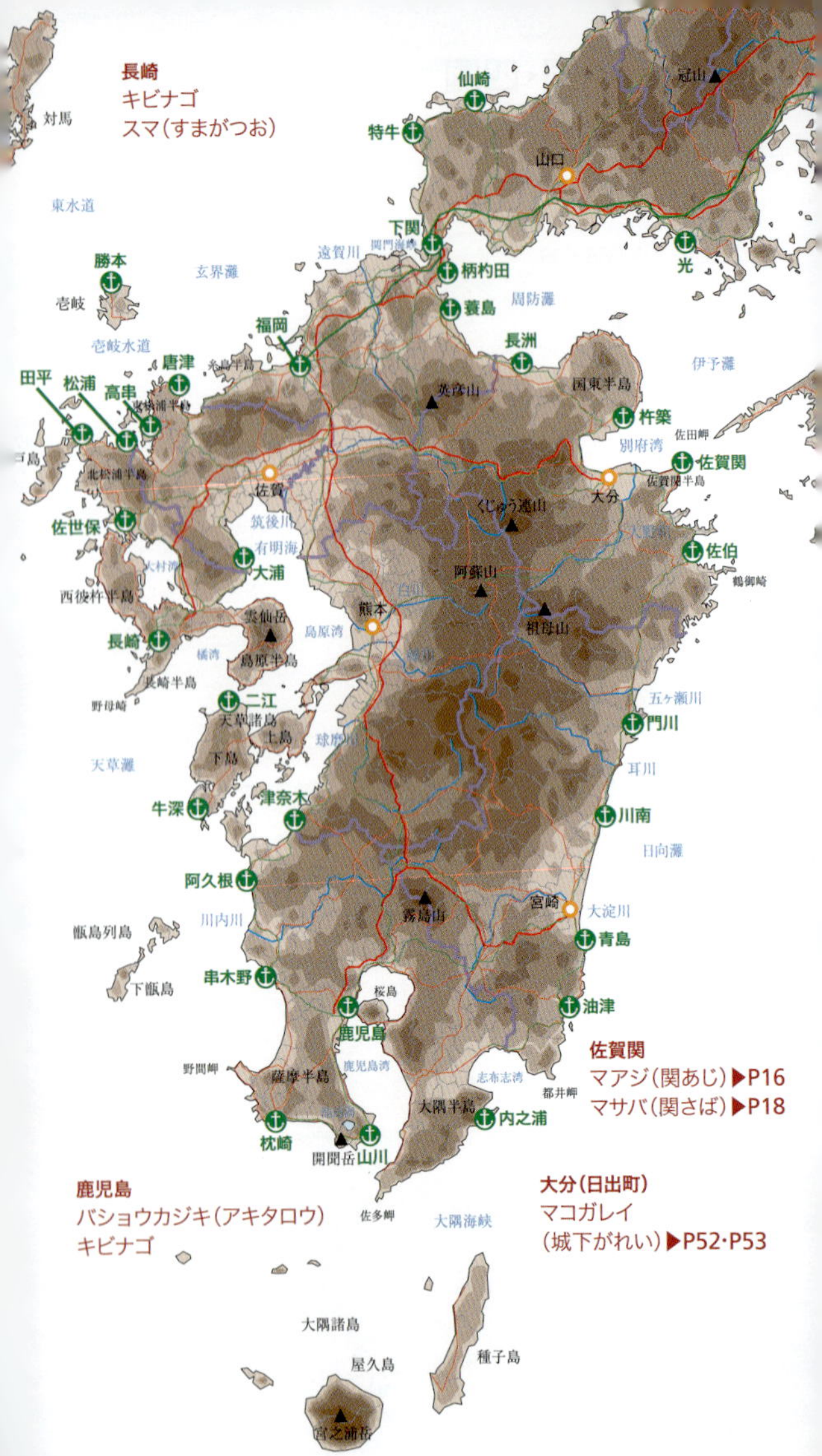
長崎
キビナゴ
スマ(すまがつお)
対馬
東水道
勝本
壱岐
玄界灘
壱岐水道
唐津
糸島半島
東松浦半島
田平
松浦
高串
北松浦半島
佐世保
大村湾
大浦
西彼杵半島
長崎
橘湾
長崎半島
野母崎
雲仙岳
島原半島
二江
天草諸島
上島
下島
天草灘
牛深
津奈木
阿久根
川内川
甑島列島
下甑島
串木野
桜島
鹿児島
鹿児島湾
野間岬
薩摩半島
枕崎
開聞岳
山川
佐多岬
大隅海峡
大隅半島
内之浦
志布志湾
都井岬
油津
青島
宮崎
大淀川
霧島山
日向灘
川南
耳川
門川
五ヶ瀬川
祖母山
阿蘇山
熊本
島原湾
有明海
筑後川
佐賀
福岡
英彦山
国東半島
杵築
別府湾
大分
佐田岬
佐賀関
佐賀関半島
くじゅう連山
佐伯
鶴御崎
伊予灘
長洲
周防灘
蓑島
柄杓田
下関
関門海峡
遠賀川
山口
仙崎
特牛
冠山
光
佐賀関
マアジ(関あじ)▶P16
マサバ(関さば)▶P18
鹿児島
バショウカジキ(アキタロウ)
キビナゴ
大分(日出町)
マコガレイ
(城下がれい)▶P52・P53
大隅諸島
屋久島
種子島
宮之浦岳

◉九州・沖縄

沖縄諸島
沖縄島
久米島
那覇
糸満
慶良間列島

五島列島
福江島
福江

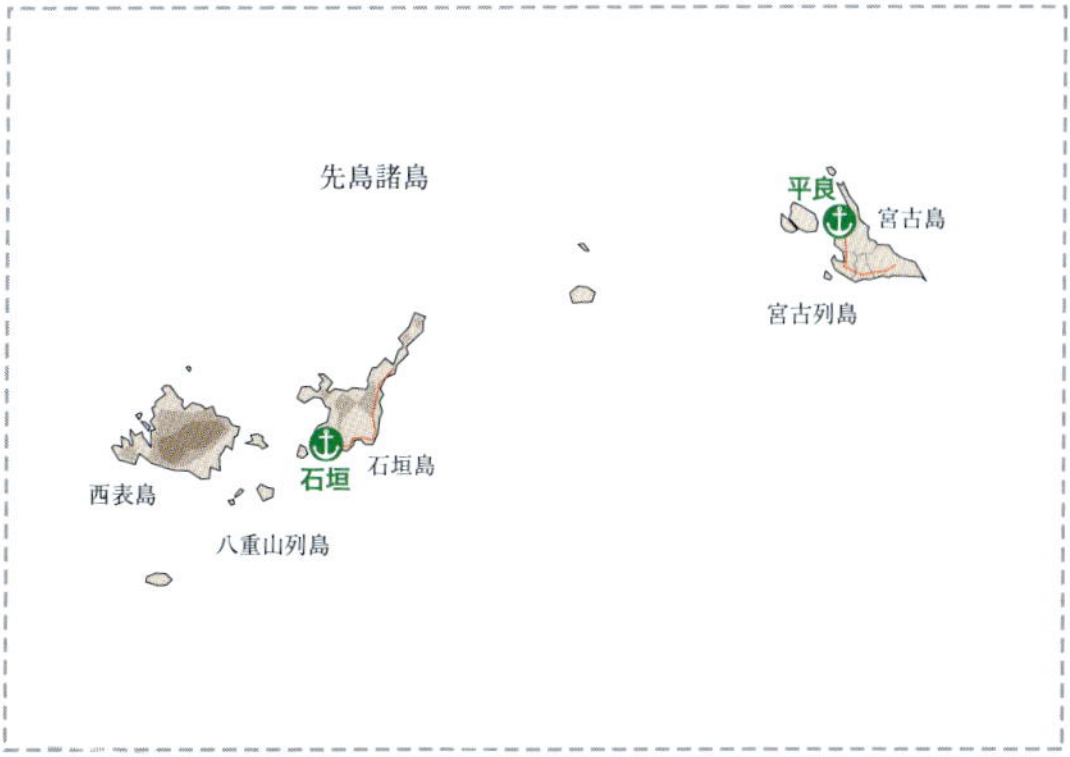
先島諸島
平良
宮古島
宮古列島
石垣
石垣島
西表島
八重山列島

すし名索引

【あ】

あいなめ……29
あおやぎ……96
あおりいか……72
あかいか……68
あかがい（たま）……92
あかがい（ひも）……93
赤身（本まぐろ）……56
赤身（みなみまぐろ）……62
あじ……16
あじ（酢〆）……17
あなご……112
あまえび……82
あわび（くろあわび）……88
あわび（まだかあわび）……90
あわび（めがいあわび）……91
いか（あおりいか）……72
いか（あかいか）……68
いか（しろいか）……69
いか（新いか）……71
いか（すみいか）……70
いか（するめいか）……74
いか（ほたるいか）……75
いか（やりいか）……73
いくら……109
いさき……43
いしだい……44
いなだ……37

いわがき……105
いわし……19
うに（ばふんうに）……110
うに（むらさきうに）……111
えび（あまえび）……82
えび（くるまえび）……80
えび（しまえび）……83
えび（しろえび）……81
えび（ぼたんえび）……84
えんがわ（ひらめ）……51
えんがわ（まこがれい）……53
大とろ（本まぐろ）……57
大とろ（みなみまぐろ）……63
おこぜ……32

【か】

かき（いわがき）……105
かすご（酢〆）……25
かずのこ……108
かつお（初がつお）……64
かに（ずわいがに）……86
かまとろ（本まぐろ）……58
かれい（ほしがれい）……54
かれい（まこがれい）……52
かわはぎ……35
かんぱち……38
きす（昆布〆）……26
きす（酢〆）……27
きんめだい……41
くるまえび……80

くろあわび……88
くろだい……45
くろまぐろ（本まぐろ）……56
こばしら（あおやぎ）……97
こはだ……14

【さ】

さけ（氷頭なます）……113
さざえ……106
さば……18
さより……21
さんま……20
しまあじ……40
しまえび……83
〆さば……18
しゃこ……85
しらうお……114
しらこ（ふぐ）……49
しろいか……69
しろえび……81
新いか……71
しんこ……15
すずき……28
すみいか……70
するめいか……74
ずわいがに……86
関あじ……17

【た】

たいらがい……100
たこ……76
たこ（みずだこ）……77

たま（あかがい）…… 92
中とろ（本まぐろ）…… 57
中とろ（みなみまぐろ）…… 63
づけ（本まぐろ）…… 59
つぶがい…… 103
とりがい…… 94

【な】

なます（氷頭なます）…… 113
煮はま…… 98
ねぎとろ（本まぐろ）…… 59
のどぐろ…… 33

【は】

ばいがい…… 104
はた…… 42
初がつお…… 64
ばふんうに…… 110
はまぐり（煮はま）…… 98
氷頭なます…… 113
ひも（あかがい）…… 93
ひらまさ…… 39
ひらめ…… 50
ひらめ（昆布〆）…… 51
ふぐ…… 48
ぶり…… 36
ほうぼう…… 30
ほしがれい…… 54
ほたて…… 99
ほたるいか…… 75
ぼたんえび…… 84
ほっきがい…… 101

本まぐろ……56
本みるがい……102

【ま】

まぐろ（本まぐろ）……56
まぐろ（みなみまぐろ）……62
まこがれい……52
まごち……31
まだい……24
まだかあわび……90
みずだこ……77
みなみまぐろ……62
みるがい（本みるがい）……102
むつ……34
むらさきうに……111
めがいあわび……91
めじな……46
めばる……47

【や】

やりいか……73

魚介名（標準和名）索引

【あ】

アイナメ……29
アオリイカ……72
アカガイ……92・93
アカムツ……33
イサキ……43
イシダイ……44
イワガキ……105
ウバガイ……101
エゾバフンウニ……110
エッチュウバイ……104
オニオコゼ……32

【か】

カツオ……64
カワハギ……35
カンパチ……38
キタムラサキウニ……111
キンメダイ……41
クルマエビ……80
クロアワビ……88・89
クロダイ……45
クロマグロ……56・57・58・59・60・61
ケンサキイカ……68・69
コウイカ……70・71
コノシロ……14・15

【さ】

サケ……109・113

サザエ……106
サヨリ……21
サンマ……20
シマアジ……40
シャコ……85
シラウオ……114
シラエビ……81
シロギス……26・27
スズキ……28
スルメイカ……74
ズワイガニ……86

【た】

タイラギ……100
チョウセンハマグリ……98
トヤマエビ……84
トラフグ……48・49
トリガイ……94・95

【な】

ニシン……108

【は】

バカガイ……96・97
ヒメエゾボラ……103
ヒラマサ……39
ヒラメ……50・51
ブリ……36・37
ホウボウ……30
ホシガレイ……54
ホタテガイ……99
ホタルイカ……75
ホッコクアカエビ……82

【ま】
マアジ……16・17
マアナゴ……112
マイワシ……19
マコガレイ……52・53
マゴチ……31
マサバ……18
マダイ……24・25
マダカアワビ……90
マダコ……76
マハタ……42
ミズダコ……77
ミナミマグロ……62・63
ミルクイ……102
ムツ……34
メガイアワビ……91
メジナ……46
メバル……47
モロトゲアカエビ……83
【や】
ヤリイカ……73

memo

memo

●参考資料

『日本産 魚名大辞典』 日本魚類学会編／三省堂／1981
『地球環境シリーズ2 日本海の幸―エビとカニ―』 本尾 洋／あしがら印刷／1999
『旬の魚図鑑』 坂本一男／主婦の友社／2007
『すきやばし次郎 旬を握る』 里見真三／文藝春秋／2000
『食材魚貝大百科（全4巻）』 平凡社／1999

●写真協力

（独）水産総合研究センター 開発調査センター
（社）日本水産資源保護協会
滑川市商工水産課

●すし撮影協力

「あき」(瀬高明雄、瀬高伸光、中川庸平)

東京都中央区日本橋人形町2-1-7 リビオ日本橋人形町2階

※本書に掲載したすしダネのなかには、本企画のために特別に調理していただいたものもあります。「あき」のお品書きに常時あるわけではありません。

監修者：坂本一男（さかもと・かずお）

1951年、山口県生まれ。北海道大学大学院水産学研究科博士課程単位修了。水産学博士。1997年に（財）水産物市場改善協会・おさかな普及センター資料館館長に就任。東京大学総合研究博物館研究事業協力者も務める。元麻布大学・武蔵工業大学講師。著書（共著も含む）に『新版 魚の分類の図鑑』（東海大学出版会、2005）、『東大講座 すしネタの自然史』（NHK出版、2003）、『日本の魚』（中公新書／中央公論新社、2004）、『旬の魚図鑑』（主婦の友社、2007）ほかがある。

企画・編集　小島　卓（東京書籍）
石井一雄（エルフ）
構成・編集　阿部一恵（阿部編集事務所）
取材・文　白石愷親
撮影　松田敏博（エルフ）
ブックデザイン　長谷川　理（Phontage Guild）

すし手《て》帳《ちょう》

2008年9月3日　第1刷発行
2024年4月11日　第14刷発行

監修者 ――― 坂《さか》本《もと》一《かず》男《お》
発行者 ――― 渡辺能理夫
発行所 ――― 東京書籍株式会社
〒114-8524　東京都北区堀船2-17-1
電　話 ――― 03-5390-7531（営業）　03-5390-7526（編集）
https://www.tokyo-shoseki.co.jp
印刷・製本 ――― TOPPAN株式会社

乱丁・落丁の場合はお取り替えいたします。
定価はカバーに表示してあります。
ISBN978-4-487-80237-1 C2076